proyecto intro

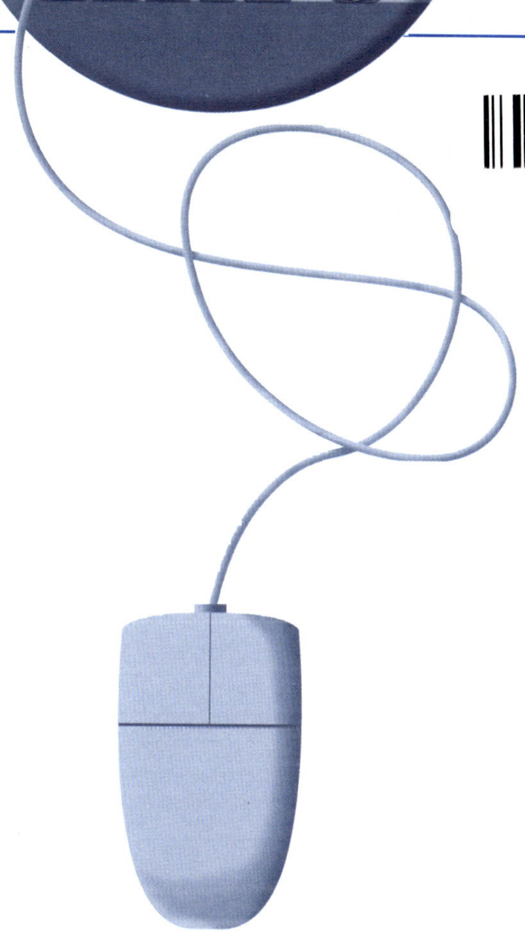

Juan Miguel Calvo Mangas

informática básica

nivel medio

Bruño

Director de Ediciones y Producción:
José Ramírez del Hoyo

Jefe de Publicaciones Generales:
Bruno Bucher Kempf

Jefe de Producción:
José Valdepeñas Hernández

Supervisión técnica:
Ángel de la Llave

Coordinador de diseño:
Cristóbal Gutiérrez Camacho

Maestro Alonso, 21
28028 Madrid

ISBN: 84-216-3778-9
Dep. legal: M. 8.385-2000
Gráficas Rógar, S. A.

Índice

ficha 21

WordPad (Entrar y Escribir)

Concepto

WordPad es un pequeño procesador de texto de utilización bastante intuitiva.

WordPad es un pequeño procesador de texto; en un primer contacto comprobamos las ventajas evidentes que presenta con respecto al **Bloc de notas.**

El manejo de este accesorio es bastante intuitivo, incluso para quien no haya trabajado anteriormente con un procesador de texto. Además de los textos podemos incluir imágenes, incluso creadas por otra utilidad disponible, como **Paint.**

Una vez abierto WordPad encontramos los siguientes elementos en la ventana: **Barra de título, Barra de menús, Barras de herramientas** y una regla que nos permite tabular los documentos.

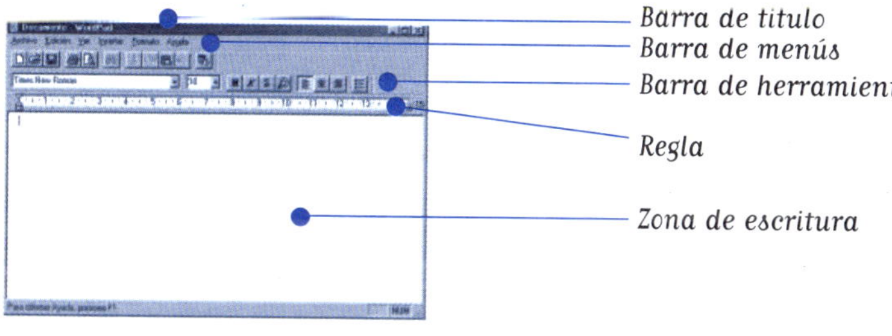

La **Barra de título** indica el nombre del documento sobre el que se está trabajando.

La **Barra de menús** ofrece seis menús distintos, con sus correspondientes opciones: *Archivo, Edición, Ver, Insertar, Formato* y *Ayuda.*

Las **Barras de herramientas** muestran las operaciones de uso más frecuente que se encuentran en los diferentes menús.

Cómo se hace

a) Entrar en WordPad

Situados en el sistema operativo Windows, versiones 95, 98 o NT, realizamos los siguientes pasos:

1. Abrimos el botón **Inicio,** correspondiente a la **Barra de tareas.**
2. Nos situamos sobre la opción **Programas.**
3. Seleccionamos **Accesorios.**
4. Seleccionamos **WordPad.**

b) Escribir en WordPad

Escribir con un procesador de texto presenta algunas diferencias con respecto a la escritura con una máquina de escribir. Muchas de las operaciones que antes había que hacer a mano son realizadas ahora por el procesador de texto. Para prevenir errores, sin embargo, conviene respetar las siguientes normas:

1. Los párrafos empiezan con mayúscula.
2. Las tildes se pulsan antes que la vocal sobre la que actúan.
3. La barra espaciadora tiene como única función la de separar palabras; no se utiliza, en principio, para ningún otro cometido.
4. Después de los signos de puntuación (./:/;/.../,/¿?/!¡/()/-/«») siempre dejaremos un espacio.
5. La tecla <Intro> o <Enter> o <Retorno> se utiliza en principio con la única finalidad de indicar el final de un párrafo, para producir un salto de línea manual.

Práctica 21

1. Entrar en WordPad.
2. Escribir el siguiente texto.

> Samuel Morse (1791-1872) nació en Charlestown, Massachusetts (EE UU). Siendo estudiante de Yale, se interesó por la electricidad y la pintura. Realizó numerosos cuadros de los miembros del congreso de Estados Unidos y del presidente Monroe. Fundó y presidió la Academia Nacional de Dibujo. La idea del telégrafo se le ocurrió durante un viaje transatlántico. Su idea no fue original ya que otros inventores estaban enfrascados en el desarrollo...

ficha 22

WordPad (Guardar y Abrir)

nivel medio

Concepto

Debemos elegir el lugar donde guardar los archivos y el nombre diferenciador de los mismos.

Todos los documentos que creemos debemos ir guardándolos en un disco, como forma de asegurar nuestro trabajo; de esta forma podemos hacer uso del mismo en cualquier momento, para modificarlo o actualizarlo.

Un documento puede guardarse tantas veces como sea necesario. Siempre que se mantenga el mismo nombre para el documento, éste será sustituido sucesivamente por la última versión que se guarde.

Es muy importante elegir correctamente el lugar en el que se van a guardar los archivos que se creen, así como darles un nombre descriptivo de su contenido, para posteriormente encontrarlos de una forma rápida y sabiendo cuál es su contenido.

Debemos diferenciar entre guardar un documento por primera vez y guardar un documento que ya ha sido guardado con anterioridad, si únicamente queremos reemplazarlo con el mismo nombre.

Todo archivo existente en un disco puede abrirse con el programa adecuado.

Cómo se hace

a) Guardar en un archivo

Una vez escrito el documento total o parcialmente, podemos guardarlo siguiendo el mismo proceso que se realiza para guardar por primera vez:

1. Abrimos el menú **Archivo.**
2. Seleccionamos la opción **Guardar como...**
3. En la ventana, indicamos:
   a) Dónde deseamos guardar físicamente el documento.
   b) Damos un nombre identificativo al mismo.
4. Pulsamos el botón **Guardar,** de la ventana.

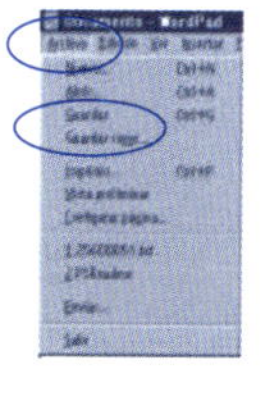

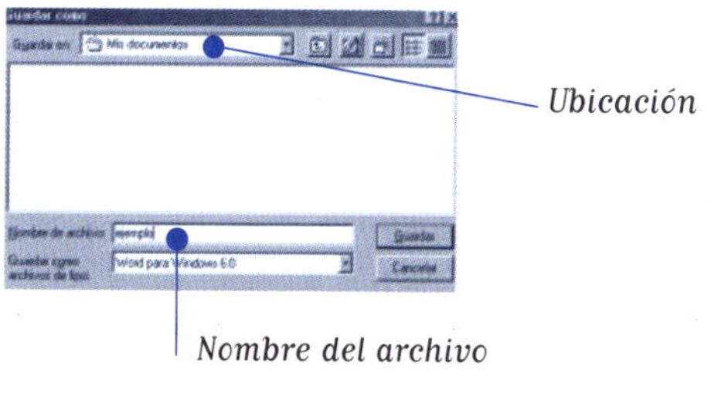

Cuando se desea reemplazar un documento una vez efectuados cambios en el mismo, ya no es necesario especificar la ubicación, dado que anteriormente se habrá abierto y, por tanto, el sistema operativo ya conoce el origen. Tampoco debemos especificar un nombre, por la misma razón, por lo que basta con seleccionar la opción **Guardar** del menú **Archivo** o el botón correspondiente a **Guardar** de la **Barra de herramientas formato.**

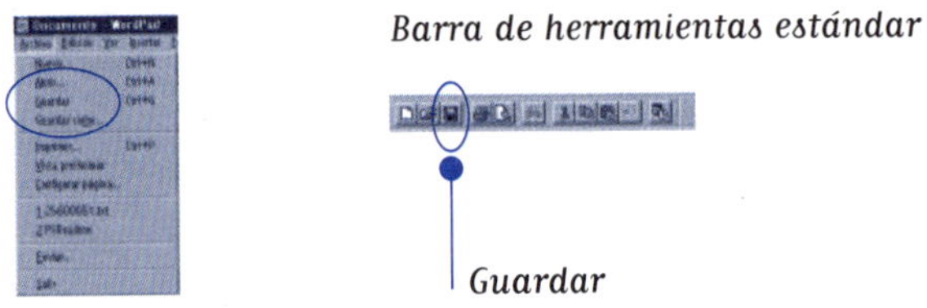

b) Abrir el documento desde un archivo

Para abrir un documento desde WordPad se nos ofrecen dos caminos:

1. Abriendo el menú **Archivo,** donde encontramos la opción **Abrir.**
2. En la **Barra de herramientas estándar,** pulsando con el puntero del ratón sobre el botón **Abrir.** En ambos casos llegamos a la misma ventana, donde debemos buscar el documento guardado en forma de archivo.

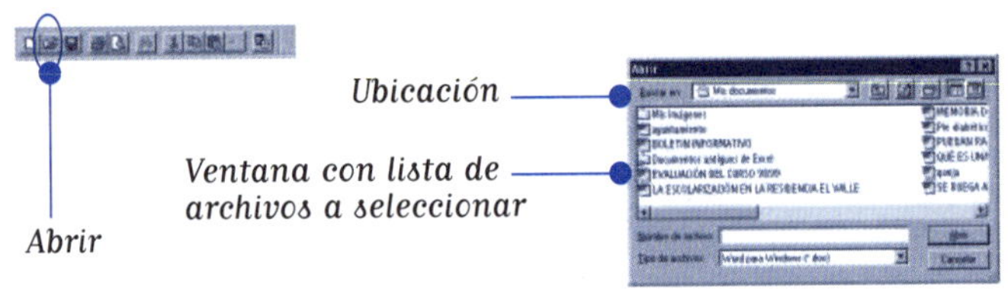

3. Buscamos la ubicación del archivo que contiene el documento.
4. La ventana ofrece la lista de archivos del tipo documentos de WordPad que se encuentran en esa ubicación.
5. Seleccionamos el documento que se desea abrir.
6. Pulsamos sobre el botón **Abrir.**

Práctica 22

1. Guardar el documento anterior en un archivo. Para ello:
   a) Seleccionar la ubicación.
   b) Nombrarlo como *Práctica 22.*
2. Cerrar WordPad.

ficha 23

WordPad (Archivo/Edición)

Concepto

Los programas informáticos para procesar textos ponen a nuestra disposición las herramientas necesarias para crear documentos personales.

Una de las grandes ventajas que ofrecen los programas informáticos es que podemos crear documentos y ajustarlos a nuestras necesidades. Para ello disponen de las herramientas necesarias para definir márgenes, crear nuevos documentos, copiar, borrar, reemplazar y, en definitiva, dar la impresión de que disponemos de nuestra propia imprenta.

Muchas de las operaciones de edición que se realizan con un procesador de texto requieren previamente seleccionar la parte del documento sobre la que desea aplicarse. Debemos recordar que el ordenador es una herramienta a nuestra disposición y que necesita órdenes claras por nuestra parte.

Cómo se hace

a) Operaciones desde el menú Archivo

1. Abrimos el menú **Archivo.**
2. Seleccionamos la operación a realizar:
   - **Configurar página.** Permite determinar los parámetros más adecuados en la página que contiene el documento: tamaño del papel, orientación de la página y márgenes.

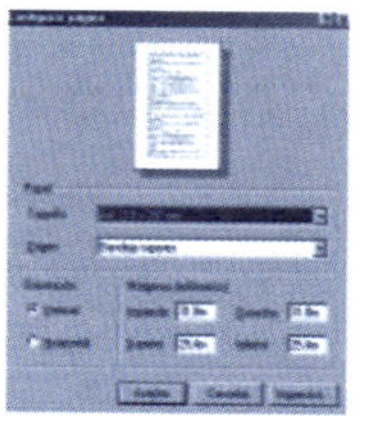

   - **Vista preliminar.** Nos muestra cómo será el resultado de nuestro documento cuando salga por la impresora.

   - **Imprimir.** Da salida por la impresora del documento en uso.
   - **Nuevo.** Crea un documento nuevo.
   - **Salir.** Cierra el documento y sale de WordPad.

Algunas de estas operaciones también podemos activarlas de manera directa desde la **Barra de herramientas estándar.**

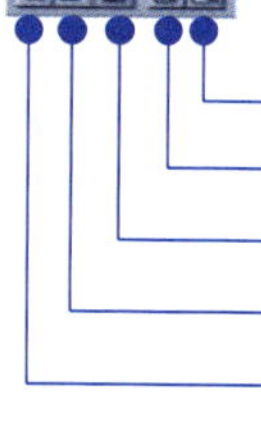

b) Operaciones desde el menú Edición

1. Abrimos el menú **Edición.**
2. Seleccionamos la operación a realizar:
   - **Deshacer.** Deshace la última operación realizada en WordPad. La operación complementaria de *Deshacer* es **Rehacer.**
   - **Cortar.** Elimina el bloque previamente seleccionado, ajustando el texto restante. El texto eliminado lo lleva al **Portapapeles** (zona de la memoria interna), donde permanecerá hasta que se corte o copie otro bloque.
   - **Copiar.** Traslada al Portapapeles el bloque seleccionado.
   - **Pegar.** Operación complementaria de **Cortar** y de **Copiar.** Colocando el cursor en la posición donde deseamos pegar el bloque cortado o copiado, éste se sitúa en esa posición.
   - **Borrar.** Borra el texto seleccionado.
   - **Seleccionar todo.** Selecciona todo el texto del documento.
   - **Buscar.** Busca cadenas de caracteres dentro del texto.

   - **Reemplazar.** Cambia una palabra por la que indiquemos; por tanto, realiza primero la operación de búsqueda y, posteriormente, la de sustitución.

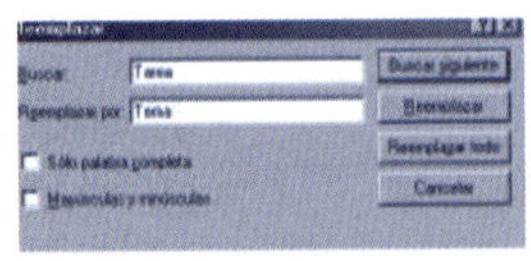

Algunas de estas operaciones podemos activarlas desde la **Barra de herramientas estándar.**

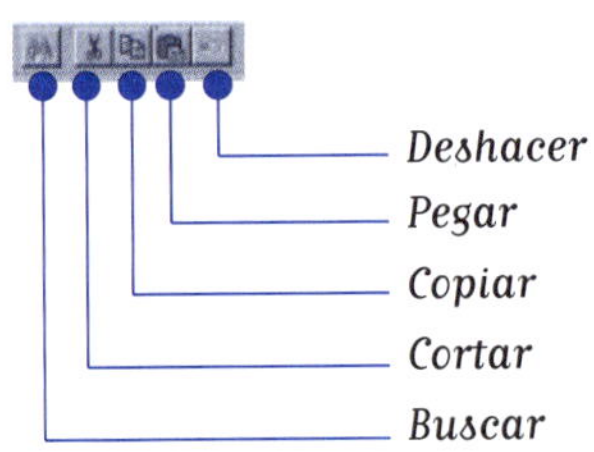

Práctica 23

1. Abrir WordPad.
2. Abrir el archivo *Práctica 22.*
3. Seleccionar todo el documento.
4. Copiarlo a continuación del ya existente.
5. Utilizar **Vista preliminar** para ver el resultado.
6. Cerrar **Vista preliminar.**
7. Buscar la palabra «presidente» mediante la opción **Buscar.**
8. Guardar como *Práctica 23.*

ficha 24

WordPad (otras opciones)

Concepto

Otras herramientas nos ofrecen la posibilidad de personalizar los elementos que constituyen el texto. De esta forma, el tamaño, el color y el tipo de la letra podrán ser escogidos libremente por el usuario.

Cómo se hace

a) Operaciones desde el menú Ver

1. Abrimos el menú **Ver.**
2. Seleccionamos la operación que deseamos realizar:
   - Permite visualizar en pantalla u ocultar los siguientes elementos:
     — Barra de herramientas.
     — Barra de formato.
     — Regla.
     — Barra de estado.
     — **Opciones,** donde podemos configurar otros parámetros de visualización y trabajo, como las unidades de medida a utilizar, ajustes de líneas y ventanas, etcétera.

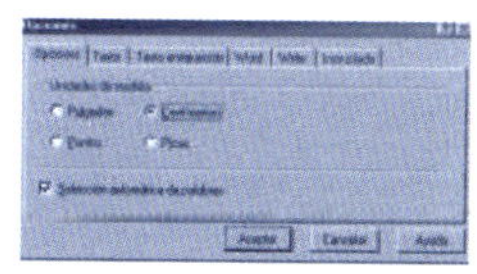

b) Operaciones desde el menú Insertar

1. Abrimos el menú **Insertar.**
2. Seleccionamos la opción a realizar:
   - **Fecha y hora.** Permite incluir con el texto la fecha y la hora del sistema.
   - **Objeto.** Podemos ver e insertar objetos creados en diferentes programas.

c) Operaciones con el menú Formato

1. Abrimos el menú **Formato.**
2. Seleccionamos la operación a realizar:
   - **Fuente.** Ofrece todas las posibilidades en cuanto tipos de letras, estilos, colores, etc. La aplicación de las fuentes puede realizarse sobre todo el documento o parte del mismo, siempre que anteriormente se haya seleccionado utilizando el ratón.

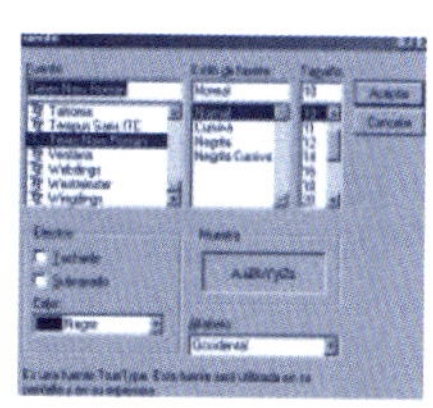

- **Estilo de viñeta.** Establece la forma de la viñeta en la escritura.
- **Párrafo.** Permite la definición de las sangrías en los párrafos, así como la de la primera línea del mismo. También facilita la definición de la alineación.

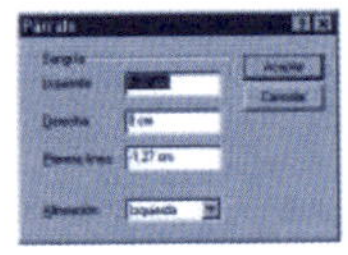

- **Tabulaciones.** Facilita la creación de tabuladores en la posición que necesitemos.

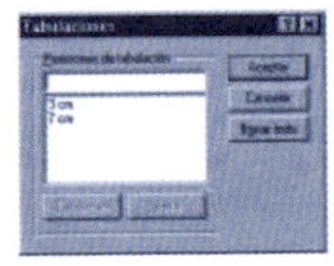

Algunas de estas operaciones podemos activarlas también desde la **Barra de herramientas formato.**

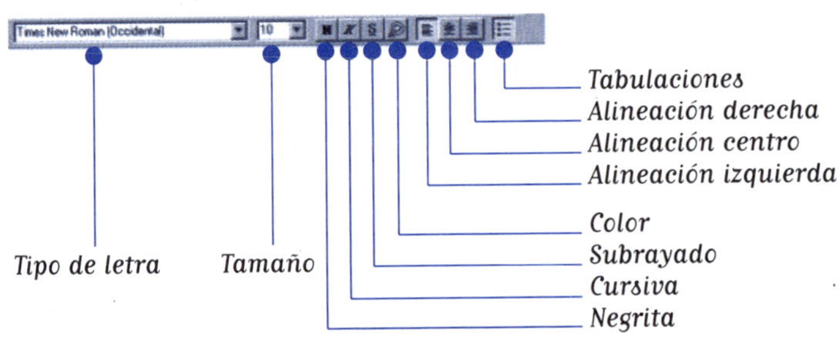

Práctica 24

1. Abrir el archivo *Práctica 23.*
2. Comprobar que todas las barras de herramientas están visibles.
3. Aplicar a cada uno de los párrafos un tipo y un tamaño diferente de letra.
4. Poner las iniciales de cada párrafo en color rojo.
5. Aplicar una sangría de un centímetro por la izquierda y por la derecha al primer párrafo.
6. Guardar como *Práctica 24.*

ficha 25

Ayuda

Concepto

*La opción **Ayuda** aparece en todos los programas y se utiliza de manera similar en el entorno Microsoft.*

En la actualidad todos los programas disponen de un menú de ayuda que explica el manejo de las operaciones que ofrece ese programa. El funcionamiento de la ayuda es similar en todos los programas ejecutados bajo Windows. Las explicaciones que demos en esta ficha son aplicables de forma general a todo el entorno Microsoft, por tanto, deberemos tenerlas presentes.

Las ayudas que ofrece el programa suelen ser escuetas y están destinadas a refrescar la memoria o a dar un dato puntual al usuario. En ningún caso son un curso de aprendizaje.

La ventana de **Ayuda** ofrece tres fichas: **Contenido, Índice** y **Buscar.** La primera abarca temas generales del programa, la segunda, una lista alfabetizada de las diferentes posibilidades del programa, pero también permite escribir la palabra clave de la búsqueda y nos facilita encontrarla; por último, la ficha **Buscar** hace posible crear nuestra propia lista de referencia.

Cómo se hace

a) Contenido

1. Abrimos el menú **Ayuda.**
2. Seleccionamos la ficha **Contenido.**
3. Escogemos el tema de ayuda.
4. Pulsamos sobre **Mostrar,** para ver la ayuda en pantalla.
5. Pulsamos **Imprimir,** para sacar impresa la ayuda en caso de ser necesario.

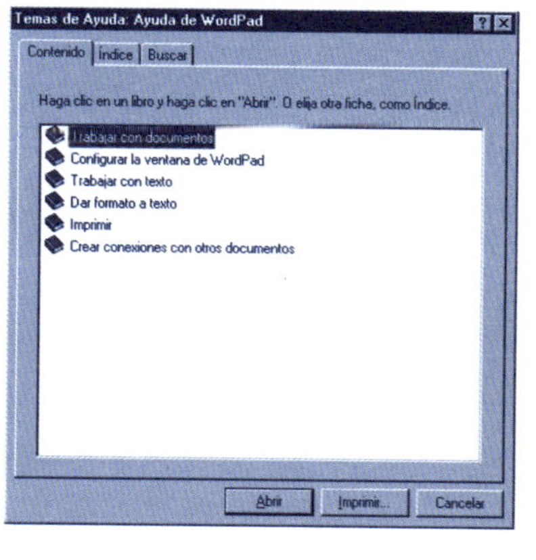

b) Índice

1. Abrimos el menú **Ayuda.**

2. Seleccionamos **Índice.**

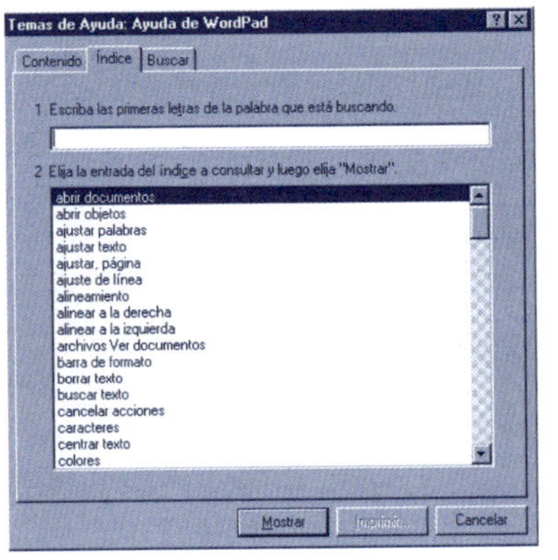

3. Buscamos el concepto a consultar dentro de la lista o escribimos la palabra que haga referencia al concepto que deseamos encontrar.
4. Pulsamos sobre **Mostrar,** para ver la ayuda en pantalla.
5. Pulsamos **Imprimir,** para sacar impresa la ayuda en caso de ser necesario.

c) Buscar

1. Abrimos el menú **Ayuda.**
2. Seleccionamos **Buscar.**

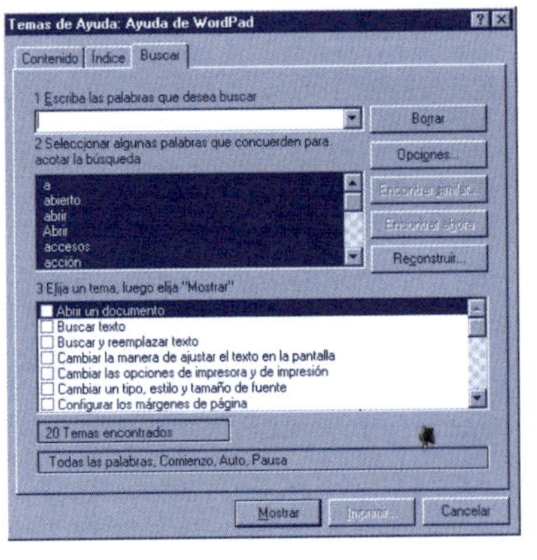

3. Seleccionamos de la lista el concepto que nos interese.
4. Pulsamos sobre **Mostrar,** para ver la ayuda en pantalla.
5. Pulsamos **Imprimir,** para sacar impresa la ayuda en caso de ser necesario.

Práctica 25

1. Abrir el menú de **Ayuda** correspondiente a WordPad.
2. Seleccionar **Contenido.**
3. Ver todo lo referente a **Trabajar con texto.**
4. Sobre la ficha **Índice,** encontrar **Colores.**
5. Salir de **Ayuda** y de WordPad.

Fichas 21 a 25

1 Abre el accesorio WordPad.

2 Escribe el texto que se muestra a continuación:

> ***De la pubertad a la madurez***
>
> *Consideramos la adolescencia como el periodo que comienza en la pubertad y concluye en la madurez. Lo que resulta más conflictivo es definir de forma universal lo que entendemos por madurez. Desde el ámbito social se sitúa la mayoría de edad y, por tanto, el reconocimiento de la madurez, en los 18 años, derecho al voto y mayoría penal. A nivel psíquico entendemos por madurez la capacidad de las personas para ser autónomas.*

3 Guarda como *Autoevaluación 5*.

4 Copia el párrafo tres veces.

5 Pon el título a tamaño 16 y en color azul.

6 Los párrafos deben llevar un tamaño de fuente 14 y tipo de letra Arial.

7 Guarda nuevamente con el mismo nombre.

8 Busca la palabra «madurez», tantas veces como se encuentre en el documento.

9 Incluye la fecha al final del documento.

10 La palabra «adolescencia», ponla en negrita.

11 Centra el título.

12 El resto del documento alinéalo a la izquierda.

13 Utilizando viñetas pondremos, entre el final del último párrafo y la fecha, la siguiente lista:
- Pubertad.
- Adolescencia.
- Madurez.

14 Guarda nuevamente con el mismo nombre.

15 Reemplaza la palabra «conflictivo» por «difícil».

16 Encima de la fecha incluye tu nombre.

17 Guarda nuevamente.

18 Imprime el documento.

19 Borra el segundo párrafo.

20 Sal de WordPad, sin guardar los cambios realizados.

Por si acaso...

El alumno anotará en la columna *Observaciones* los comentarios que deba hacer al profesor, en caso de duda en alguna de las operaciones realizadas.

Conceptos a conocer	Observaciones
1. Abrir WordPad	
2. Escribir y modificar errores	
3. Dar formato al texto	
4. Insertar fecha	
5. Copiar y pegar	
6. Eliminar	
7. Guardar por primera vez	
8. Reemplazar un documento	
9. Buscar cadenas de caracteres	
10. Reemplazar palabras	
11. Aplicar colores al texto	
12. Aplicar viñetas	
13. Cambiar alineaciones	
14. Utilizar Vista preliminar	
15. Imprimir	
16. Salir de un documento	

ficha 26

nivel medio

Archivos o ficheros

Concepto

*Un **archivo** o **fichero** es una cantidad de información, identificada con un nombre, que permite al ordenador localizarlo dentro de un soporte de datos (disco duro, disco flexible, CD-ROM, etc.).*

El trabajo con un ordenador implica la utilización de archivos, por la simple razón de que el ordenador es incapaz de trabajar si no dispone de la información precisa en cada momento. Esa información que necesita para realizar las distintas tareas que se le encomienden está guardada en los llamados **Archivos** o **Ficheros.**

Los archivos o ficheros, a su vez, se almacenan en diferentes soportes de información; actualmente, los más utilizados son los disquetes y los CD.

Los términos *archivo* y *fichero* son los más adecuados, por ser los que desde antes de la existencia de los ordenadores se utilizaban para indicar dónde estaba guardada una determinada información.

El funcionamiento del ordenador consiste básicamente en que, partiendo de unos datos y después de procesarlos, podemos obtener unos resultados; pero nunca debemos olvidar que un ordenador es una «caja tonta», que necesita para trabajar de un *software* adecuado.

Software. Término inglés que engloba al conjunto de toda la estructura lógica que necesita un ordenador para poder trabajar. El software puede ser muy variado, desde aplicaciones específicas que resuelven problemas concretos: procesadores de texto, hojas de cálculo, etc., hasta utilidades que sirven para manejar el sistema y están a disposición de los usuarios, bien sea directamente, o bien a través de programas de aplicación.

Toda esta información se encuentra almacenada en unos archivos o ficheros dentro de la CPU del ordenador.

Cualquier usuario de ordenador creará sus propios archivos de trabajo, los cuales contendrán la información que nosotros como usuarios deseemos guardar. Para distinguir unos archivos de otros, tendremos que asignarles un nombre a la hora de almacenarlos en el disco; ese nombre deberá cumplir unas determinadas reglas sintácticas:

- Deben disponer de un nombre único. Nunca pueden existir en un mismo disco dos ficheros con igual nombre.
- El nombre deberá tener una longitud de entre 1 y 255 caracteres, pudiendo ir acompañado, después de un punto, como elemento separador, de tres caracteres más, conocidos con el nombre de *extensión,* que identifican el tipo de fichero.
- El nombre podrá estar formado por cualquier carácter alfabético, numérico y casi todos los signos.
- Los nombres de ficheros o archivos pueden escribirse indistintamente con mayúsculas o minúsculas.

- **Extensión** o **tipo.** Forma parte del nombre del fichero y actúa como un factor diferenciador. La constituyen un máximo de tres caracteres, aunque determinados sistemas admiten más de tres.

  Para la búsqueda de archivos es conveniente la utilización de caracteres comodines. Un carácter comodín es aquel que puede sustituir a otros.

  El asterisco (*) es el más utilizado y su inclusión equivale a una cadena de caracteres de cualquier longitud. Por ejemplo:

  - C*.DOC. Equivale a todos los archivos que comienzan por la letra C y son de tipo DOC.
  - autoexec.*. Equivale a los ficheros de nombre «autoexec» y de cualquier tipo.

Cómo se hace

- Para la creación de archivos o ficheros se requiere la utilización de un programa. El Bloc de notas y WordPad nos han servido para aprender a crear nuestros primeros archivos o ficheros.

Práctica 26

1. ¿Existe diferencia entre los conceptos archivo y fichero?
2. ¿Un archivo es hardware o software?
3. ¿Dónde se guardan de forma permanente los archivos?
4. ¿Qué necesitamos para crear un archivo?
5. En el sistema operativo Windows, ¿qué longitud de nombre pueden tener como máximo los archivos?
6. ¿Dos archivos distintos pueden llevar el mismo nombre?

ficha 27

Organización jerarquizada

Concepto

Una buena organización de nuestros archivos implica una correcta gestión de los mismos.

En el trabajo diario con el ordenador la operación más habitual es el manejo de archivos, ya que en ellos es donde se guarda toda la información que utiliza un ordenador.

Cualquier sistema operativo dispone de una serie de herramientas para facilitar todas las tareas que precisa la manipulación de archivos; además, Windows permite que todas estas operaciones puedan realizarse de forma fácil.

Hablaremos, a partir de este momento, de dos conceptos: *archivos* y *carpetas,* que en principio parecen complejos de entender e incluso de diferenciar. La práctica y su uso nos llevarán a diferenciarlos claramente y a utilizarlos correctamente.

Un **archivo** es donde guardaremos toda información que generemos con cualquier aplicación o programa de los que dispongamos en nuestro ordenador. En archivos también están almacenados los programas y las informaciones que éstos necesitan para su funcionamiento.

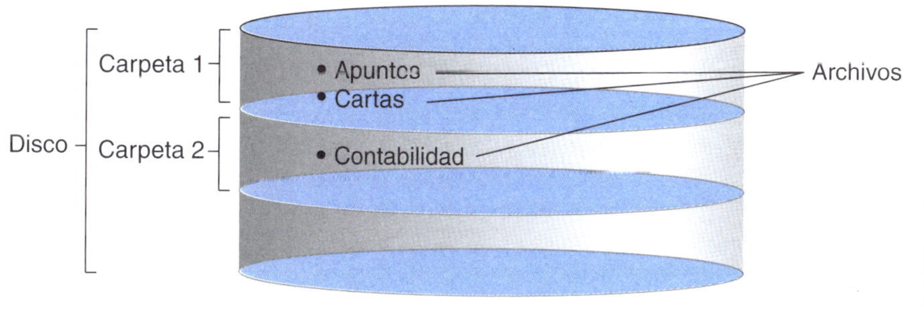

Una **carpeta** nos facilita un espacio dentro de los soportes de almacenamiento, donde podremos guardar archivos agrupados para una mejor organización de nuestro trabajo.

Tanto los archivos como las carpetas requieren ser reconocidos; para ello, es preciso, cuando los creemos, identificarlos con **nombres,** que serán unívocos, es decir, diferentes en cada caso para distinguir unos archivos de otros y unas carpetas de otras, además de para no llevarnos ingratas sorpresas, pues debemos saber que dos archivos distintos no podrán llevar un mismo nombre, dado que el último creado sustituirá al anterior.

Podremos gestionar correctamente nuestros archivos cuando consigamos organizarlos de forma adecuada, de tal forma que en todo momento sepamos dónde se encuentra el archivo que buscamos. Windows nos facilitará una estructura jerarquizada.

La organización jerarquizada de nuestro ordenador parte del propio ordenador como elemento más importante, por tanto, el nivel superior del árbol que va a constituir nuestra organización jerárquica es nuestro **PC.**

Organización jerarquizada

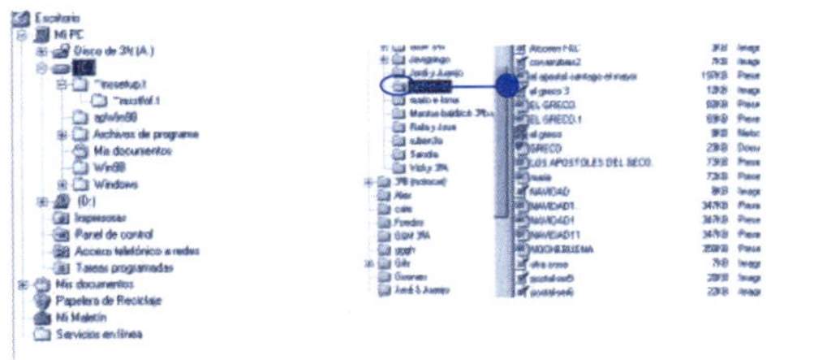

Carpeta abierta y archivos que contiene

Las unidades de disco partirán de la carpeta «PC», encontrándonos una rama correspondiente a cada una de las unidades de disco o CD-ROM de que disponga nuestro PC. Generalmente las visualizaremos ordenadas de forma alfabética.

La organización de la información en Windows es jerárquica: los archivos se pueden agrupar dentro de carpetas. Las carpetas, dentro del disco y, el disco, dentro del conjunto que configura el PC.

Las carpetas serán el tercer nivel y aparecerán como subramas de la unidad de disco en las que se encuentren. Una carpeta, a su vez, puede incluir otras carpetas (subcarpetas). Las carpetas son también conocidas como *directorios.*

Los archivos son el último elemento en el escalafón de nuestra organización. Estarán dentro de las carpetas, aunque también pueden encontrarse directamente situados dentro de una unidad de disco; se dice entonces que están situados en el *directorio raíz.* Los archivos, como ya hemos comentado, son los que almacenan los contenidos de los programas y de los documentos.

Con la descripción hecha debemos ver la importancia que tiene conocer los nombres de los archivos, y su ubicación, tanto a nivel de carpeta como de unidad de disco. Dado que Windows nos permite la utilización de nombres de archivos largos (hasta 255 caracteres), es recomendable que cada usuario busque nombres para guardar sus documentos que sean suficientemente descriptivos de lo que contienen, guardándolos en carpetas que dispongan también de un nombre clarificador de su contenido. Los nombres largos pueden contener tantos puntos como se quiera, pero debemos saber que a partir del último aparecerá la extensión identificativa del tipo de archivo, aspecto muy importante para conocer el contenido del archivo.

Práctica 27

1. Diferencia entre carpeta y archivo.
2. ¿Puede una carpeta contener archivos?
3. ¿Puede una carpeta contener otras carpetas?
4. ¿Pueden coincidir los nombres de una carpeta y de un archivo?
5. ¿Pueden crearse carpetas en cualquier unidad de disco?

ficha 28

Control de archivos

nivel medio

Concepto

Desde el ***Explorador*** *podemos controlar en una sola ventana las unidades de disco, las carpetas y los archivos de que dispone nuestro PC.*

Para acceder a los archivos o carpetas disponemos de dos posibilidades: hacerlo desde **Mi PC** o mediante un programa llamado **Explorador de Windows;** este último se encuentra dentro de la opción **Programas,** que a su vez está situada en el botón **Inicio.**

Empezaremos por el Explorador de Windows, de esta forma encontraremos la estructura más general de nuestro árbol. Desde aquí, además, podemos realizar todas las operaciones con los archivos y carpetas desde una sola ventana. En definitiva, desde el Explorador controlaremos todas las unidades de disco o CD-ROM de las que disponga nuestro PC, así como todas las carpetas y archivos que contenga.

El Explorador de Windows se presenta en forma de ventana con todos los elementos típicos de las mismas: **Barras de menús, Barras de herramientas, Barras de desplazamiento,** etcétera.

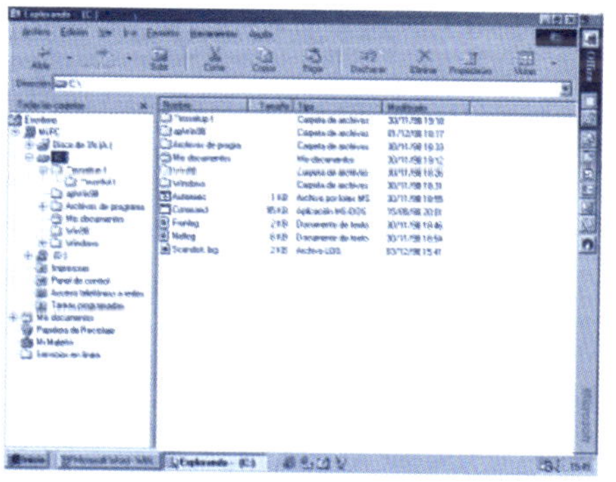

La ventana del explorador se encuentra dividida de forma vertical en dos partes claramente diferenciadas: la parte izquierda muestra la estructura jerarquizada de todos los recursos de nuestro ordenador; la parte derecha muestra el contenido de la unidad de disco o carpeta, donde nos situemos (seleccionemos), de la parte izquierda.

Cómo se hace

a) Abrir el Explorador

1. Pulsamos sobre el botón **Inicio.**
2. Seleccionamos la opción **Programas.**
3. Seleccionamos **Explorador de Windows.**

b) Para ver el contenido de cualquier disco o carpeta

1. Nos situamos en la zona izquierda del **Explorador.**

2. Seleccionamos el elemento que deseamos visualizar.

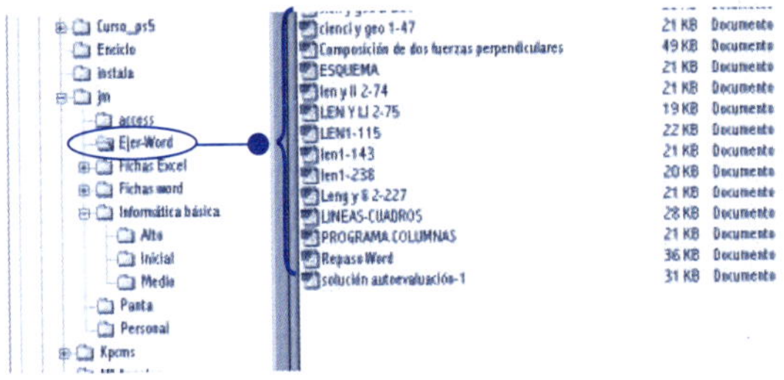

En la figura vemos el contenido de la carpeta «Ejer-Word», y podemos apreciar cómo aparece abierta y su contenido en la zona derecha de la ventana.

c) Otras carpetas

- Si la unidad de disco o carpeta va acompañada en su parte izquierda por un signo «+», nos está indicando que contiene otras carpetas en su interior.

  1. Pulsamos con el puntero del ratón sobre el signo «+».

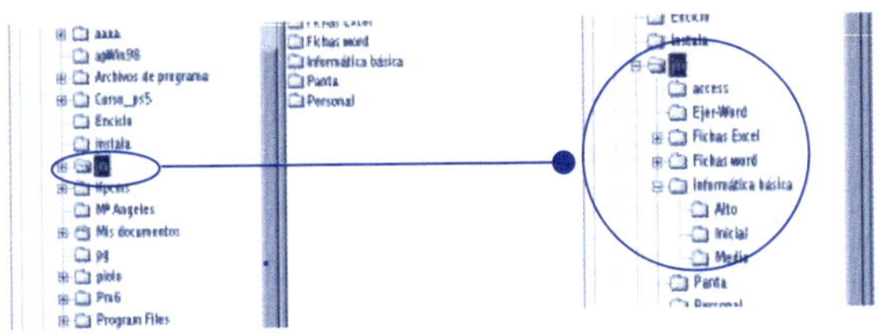

Observamos en las figuras anteriores la carpeta «jm», antes y después de enseñar su contenido.

- El signo «–», a la izquierda del nombre de la carpeta, indica que está expandida, es decir, que muestra todo su contenido.

Práctica 28

1. Abrir el **Explorador de Windows.**
2. Ver el contenido del disco duro.
3. Diferenciar las carpetas de los archivos.
4. Ver el contenido de alguna carpeta que contenga subcarpetas.
5. Cerrar el **Explorador de Windows.**

ficha 29

Operaciones con carpetas y archivos

nivel medio

Concepto

Antes de realizar cualquier operación debemos seleccionar el objeto sobre el que se va a ejecutar.

Las operaciones que se pueden realizar con carpetas y archivos son prácticamente las mismas. Un aspecto a considerar por la importancia que tiene en la mayoría de las operaciones que se realizan bajo Windows es que se trata de un sistema operativo dirigido a objetos. Por tanto, antes de realizar cualquier operación debemos situarnos en el objeto sobre el que deseamos realizar la manipulación.

Cómo se hace

a) Crear carpetas

1. Nos situamos en la unidad de disco u objeto donde deseamos crear la carpeta.
2. Abrimos el menú **Archivo** correspondiente al **Explorador.**
3. Elegimos la opción **Nuevo.**
4. Seleccionamos la opción **Carpeta.**
5. Damos el nombre para la carpeta en el icono que nos aparece como **Nueva carpeta.**

b) Mover una carpeta o archivo

1. Localizamos la carpeta o archivo que deseamos mover.
2. La seleccionamos.
3. Con la simple operación de arrastrar ese objeto a la posición de destino quedará desplazada.

Otra forma

1. Localizamos la carpeta o archivo que deseamos mover.
2. Abrimos el **menú de contexto.**
3. Seleccionamos **Cortar.**
4. Nos situamos en la ubicación de destino.
5. Abrimos el **menú de contexto.**
6. Seleccionamos **Pegar.**

c) Copiar una carpeta o archivo

1. Localizamos la carpeta o archivo que deseamos copiar.
2. La seleccionamos.
3. Arrastramos, mediante el ratón, manteniendo pulsada la tecla de Control, hasta la posición de destino.

Otra forma

1. Localizamos la carpeta o archivo que deseamos copiar.
2. Abrimos el **menú de contexto.**

3. Seleccionamos **Copiar.**
4. Nos situamos en la ubicación de destino.
5. Abrimos el **menú de contexto.**
6. Seleccionamos **Pegar.**

El menú **Edición,** del Explorador, también cuenta con las opciones **Cortar, Copiar** y **Pegar,** que podemos utilizar de igual forma que mediante el **menú de contexto.**

d) Cambiar el nombre de un archivo o carpeta

1. Debemos situarnos sobre el archivo o carpeta que deseamos renombrar.
2. Apuntamos sobre el nombre y pulsamos el botón izquierdo del ratón.
   Aparecerá el nombre dentro de un recuadro; ya sólo queda borrar el nombre y poner el nuevo.

Otra forma

1. Abrimos el **menú de contexto.**
2. Seleccionamos la opción **Cambiar nombre.**
3. Escribimos el nuevo nombre.

e) Eliminar una carpeta o archivo

1. Seleccionamos la carpeta o archivo que deseamos eliminar.
2. Pulsamos la tecla Suprimir.

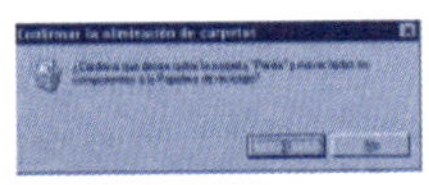

3. Confirmamos la eliminación.

Otra forma

1. Abrimos el **menú de contexto.**
2. Seleccionamos la opción **Eliminar.**
3. Confirmamos la eliminación.

El menú **Archivo,** del Explorador, también cuenta con las opciones **Cambiar nombre** y **Eliminar,** que podemos utilizar de igual forma que mediante el **menú de contexto.**

Práctica 29

1. Abrir el **Explorador de Windows.**
2. Seleccionar la unidad de disco duro.
3. Crear una carpeta y denominarla «Primera».
4. Dentro de «Primera», crear otra con el nombre «Segunda».
5. Mediante el **menú de contexto** copiar cualquier archivo del disco duro dentro de la carpeta «Primera».
6. Comprobar la copia.
7. Cambiar el nombre de la carpeta «Segunda» por el de «Tercera».
8. Borrar la carpeta «Tercera».
9. Borrar la carpeta «Primera».
10. Observar que se borran la carpeta y su contenido y salir del **Explorador.**

ficha 30

Buscar un archivo o carpeta

Concepto

*Mediante la utilización de los menús **Ver** y **Herramientas** podemos encontrar cualquier archivo.*

Las operaciones comentadas en la ficha anterior se realizan siempre que ya tenemos seleccionado el archivo o carpeta. El problema, en algunas ocasiones, es encontrar su situación. Windows nos facilita esta operación cuando no sabemos exactamente su posición.

El menú **Ver** permite organizar los archivos y carpetas por diferentes métodos: nombre, fecha, tipo, etcétera.

De esta forma podrá ser fácilmente localizable, siempre que sepamos el nombre del archivo o algún otro dato que nos dé una referencia clara.

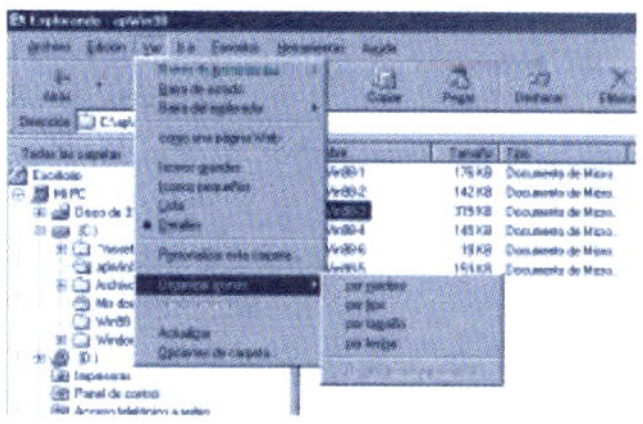

En otras ocasiones el menú **Ver** nos resultará insuficiente, por lo que deberemos hacer uso del menú **Herramientas,** donde encontraremos una opción para buscar archivos y carpetas.

También podemos acceder a esta misma ventana sin necesidad de entrar en el **Explorador de Windows,** desde el botón **Inicio,** eligiendo la opción **Buscar.**

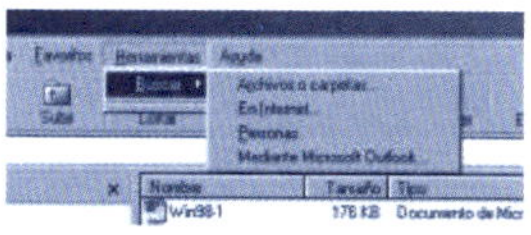

Cómo se hace

1. Abrimos el **Explorador de Windows.**
2. Seleccionamos el menú **Herramientas.**
3. Escogemos **Buscar.**
4. Elegimos la opción **Archivos o carpetas.**

Otra forma

1. Pulsamos sobre el botón **Inicio.**
2. Seleccionamos **Buscar.**
3. Escogemos **Archivos o carpetas.**

Por cualquiera de los dos caminos llegaremos a las posibilidades que se ofrecen a continuación.

a) Buscar por nombre y ubicación

Conociendo el nombre y el disco donde se encuentra, podemos iniciar la búsqueda. Pueden utilizarse también caracteres comodines para realizar la búsqueda. Para desesperados que no encuentran sus archivos, podemos incluso indicar en esta ficha algo que contenga el archivo.

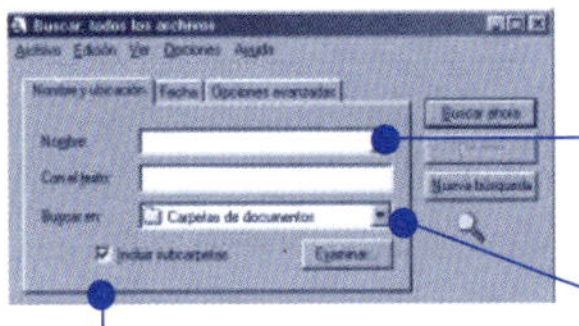

NOTA. Puede recurrirse a los caracteres comodines.

b) Buscar por fecha de modificación

Con la combinación de diferentes posibilidades sobre la fecha se puede realizar la búsqueda, bien con fechas concretas, días anteriores a la fecha del sistema, intervalos de fecha, etc. De esta forma el ordenador ofrecerá la lista de todos aquellos archivos o carpetas que cumplan los criterios establecidos.

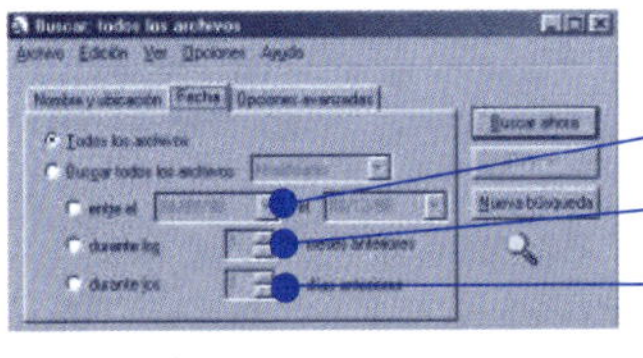

c) Buscar por el tipo de archivo o por su tamaño

Haremos uso de la ficha correspondiente a **Opciones avanzadas,** donde podremos encontrar los archivos por el tipo y tamaño de los mismos.

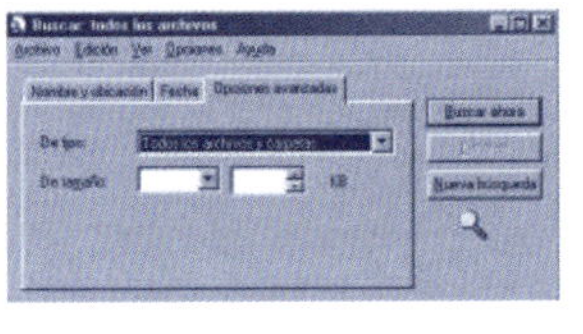

Práctica 30

1. Abrir el **Explorador de Windows.**
2. Ordenar los archivos por nombre.
3. Ordenar los archivos por tipo.
4. Ordenar los archivos por fecha.
5. Buscar todos los archivos modificados diez días antes de la fecha de realización de la práctica.
6. Buscar los archivos que sean de tipo DOC.
7. Buscar los archivos cuyo tamaño sea superior a 100 Kb.
8. Cerrar las ventanas abiertas.

Fichas 26 a 30

1 Abre la ventana correspondiente al Explorador de Windows. Si es necesario, debes maximizarla.

2 Introduce un disco flexible en la unidad A.

3 Sitúate en las distintas unidades de disco. Para comprobar su contenido realiza esta operación de dos formas distintas:

- Seleccionando las diferentes unidades en la organización jerárquica de la izquierda.
- Haciendo uso del botón de lista que aparece en la barra de herramientas.

4 Sitúate en la unidad de disco duro.

5 Ordena los archivos por el nombre.

6 Crea una carpeta en el disco flexible (A), a la que debes darle el nombre «Archivos de texto».

7 Crea una segunda carpeta en el disco flexible, con el nombre «Copia».

8 Copia en la carpeta «Archivos de texto» los ejercicios guardados anteriormente como *Práctica 22* y *Práctica 23.*

9 Copia desde la carpeta «Archivos de texto» su contenido en la carpeta «Copia».

10 Copia la carpeta «Copia» en el disco duro.

11 Renombra la carpeta «Copia» del disco duro como «Copia de seguridad».

12 Busca todos los archivos del disco duro que comiencen por la letra «R».

13 Busca todos los archivos que han sido modificados entre dos fechas concretas separadas entre sí cinco días.

14 Borra la carpeta del disco duro «Copia de seguridad».

15 Cambia el nombre del archivo *Práctica 22,* situado en la carpeta «Copia» del disco flexible, por el de *Ejercicio de WordPad.*

16 Utilizando el menú Ver, del **Explorador,** lista el contenido del disco duro de las siguientes formas:

- Iconos grandes.
- Iconos pequeños.
- Lista.
- Detalle.

17 Realiza la misma operación desde la barra de herramientas.

18 Desde el menú **Archivo,** observa las propiedades del archivo guardado como *Práctica 23.*

19 Borra las carpetas creadas anteriormente en el disco flexible.

20 Sal del **Explorador de Windows.**

Por si acaso...

El alumno anotará en la columna *Observaciones* los comentarios que deba hacer al profesor, en caso de duda en alguna de las operaciones realizadas.

Conceptos a conocer	Observaciones
1. Reconocer el Explorador	
2. Utilizar las diferentes formas de presentación	
3. Diferenciar los archivos y las carpetas	
4. Ordenar los archivos	
5. Copiar archivos y carpetas	
6. Borrar archivos y carpetas	
7. Renombrar archivos y carpetas	
8. Ver las propiedades de un archivo	
9. Encontrar archivos	
10. Cambiar de unidad de disco	
11. Utilizar el carácter comodín	

ficha 31

Calculadora

Concepto

La **Calculadora,** otro de los accesorios que nos ofrece Windows, nos permitirá la realización de cálculos sencillos o complejos en función del modelo que utilicemos (estándar o científica), ya que disponemos de ambas y, por supuesto, de los conocimientos matemáticos que tenga el usuario.

El manejo de la calculadora se realiza de igual forma que con una calculadora de mano; el orden de introducción de los números y las operaciones no presenta ninguna diferencia. Es más, disponemos de la ventaja de poder introducir los datos mediante el uso del ratón o con las teclas del **Bloque numérico.**

Los diferentes resultados de las operaciones realizadas con la calculadora podremos llevarlos a otros programas, WordPad o Bloc de notas, ya comentados.

Cómo se hace

1. Abrimos el menú correspondiente al botón **Inicio.**
2. Abrimos la opción **Programas.**
3. Escogemos la opción **Accesorios.**
4. Seleccionamos **Calculadora.**

Se abrirá la ventana correspondiente a la calculadora utilizada la última vez. El menú **Ver** nos permite el paso de un tipo de calculadora a la otra. La diferencia estriba, obviamente, en la cantidad de operaciones y posibilidades.

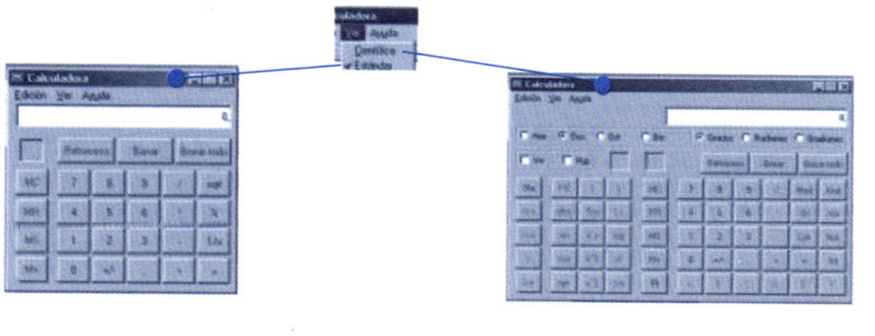

El menú **Edición** nos permite desplazar al **Portapapeles** la operación realizada, mediante la opción **Copiar,** de tal forma que podamos pegar los resultados obtenidos en otros programas.

Práctica 31

1. Abrir la **Calculadora.**
2. Seleccionar el modo **Estándar.**
3. Realizar mediante el uso del ratón las siguientes operaciones y apuntar el resultado correspondiente:
   - 12 + 35 = 47.
   - 12,345 – 4,67 = 7,675.
   - 5 × 34,6 + 109,35 = 282,35.
   - 2 × (11,5 – 15) = –7.
4. Cambiar al modo **Científico.**
5. Realizar las siguientes operaciones, después de seleccionar *grados:*
   - Seno de 45 = 0,7071.
   - Seno de 90 = 1,0000.
   - Coseno 90 = 0,0000.
6. Guardar como *Práctica 31.*

ficha 32

Paint

Concepto

__Paint__ es un accesorio que nos permite crear imágenes o modificar otras ya creadas por diversos programas.

Un accesorio interesante para multitud de aplicaciones es **Paint,** que nos permitirá la creación de diseños gráficos y, también, la manipulación de imágenes procedentes de otros programas, las cuales podremos personalizar.

Paint ofrece las herramientas precisas para dibujar: un lienzo, una galería de colores, y herramientas, como lapiceros, pinceles, borradores, tijeras, etcétera.

La utilización de Paint es muy intuitiva, podemos seleccionar en el orden que deseemos cualquiera de los elementos a utilizar; que junto con el manejo del ratón nos ayudarán a conseguir los fines que perseguimos.

Podemos definir el tamaño del lienzo así como los márgenes y la posición de la página para la posterior impresión.

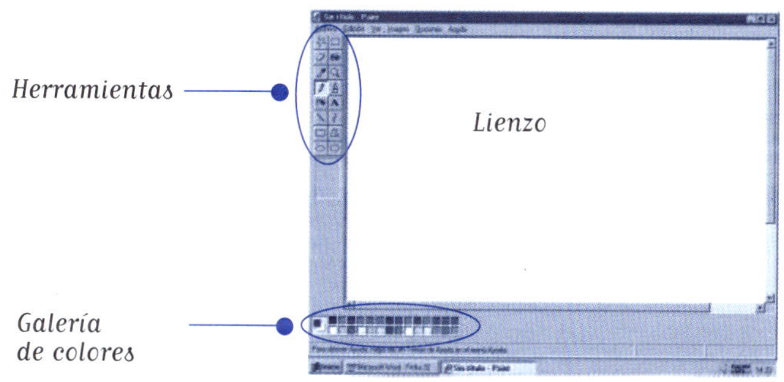

El diseño creado mediante la utilización de Paint puede guardarse en forma de archivo y, por tanto, reutilizarse abriendo nuevamente el archivo.

Cómo se hace

a) Posición y márgenes

1. AbrImos el menú **Archivo.**
2. Seleccionamos **Preparar página.**

El cuadro de diálogo nos permite realizar las modificaciones oportunas.

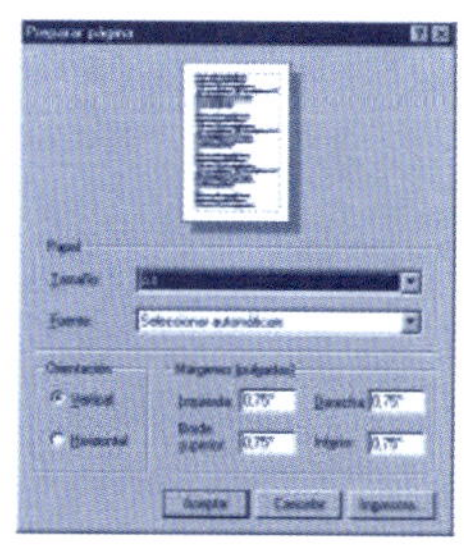

b) Tamaño

1. Abrimos el menú **Imagen.**
2. Seleccionamos **Atributos.**

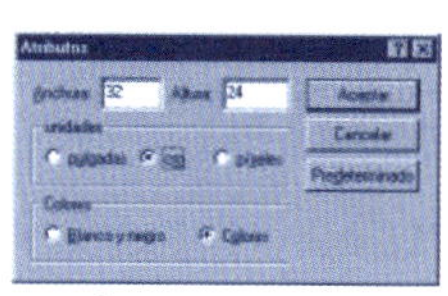

3. Escogemos la unidad de medida.
4. Establecemos la anchura y la altura para el lienzo.
5. Pulsamos **Aceptar.**

c) Guardar

1. Abrimos el menú **Archivo.**
2. Seleccionamos **Guardar como.**

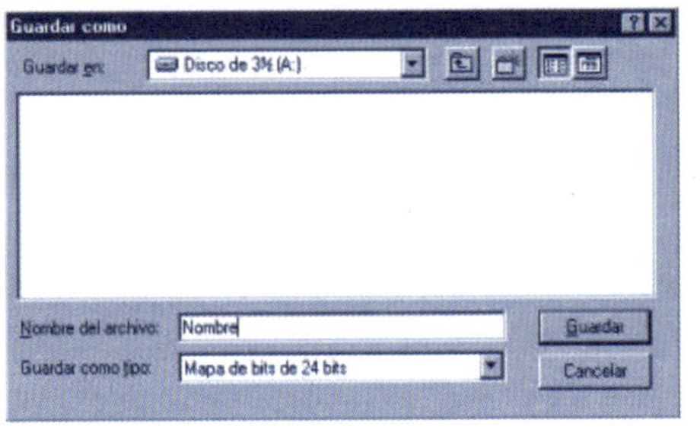

3. Buscamos la ubicación.
4. Damos nombre.
5. Pulsamos sobre **Guardar.**

d) Abrir

1. Abrimos el menú **Archivo.**
2. Seleccionamos **Abrir.**
3. Buscamos la ubicación.
4. Seleccionamos el archivo.
5. Pulsamos **Abrir.**

Práctica 32

1. Abrir **Paint.**
2. Poner las unidades de medida en centímetros.
3. Configurar la página para A4.
4. Definir como atributos de medida: 8 cm de ancho y 8 cm de alto.
5. Salir de **Paint.**

ficha 33

Paint (Herramientas)

Concepto

Antes de realizar una operación debemos seleccionar la herramienta adecuada.

Las **Herramientas** son elementos que ofrece Paint para permitirnos realizar diferentes operaciones sobre el lienzo de trabajo. Encontraremos una barra con el conjunto de todas las herramientas, las cuales podremos escoger en cualquier orden. La utilización de la mayor parte de las mismas es intuitiva y requiere la selección de un color para realizar la operación que se quiera desarrollar; este color podremos escogerlo con anterioridad o posterioridad a la herramienta que se aplique. Para cambiar el tipo de operación basta con seleccionar una nueva herramienta.

En caso de no estar visible la barra de herramientas o la galería de colores, el menú **Ver** nos proporciona la posibilidad de que se hagan visibles.

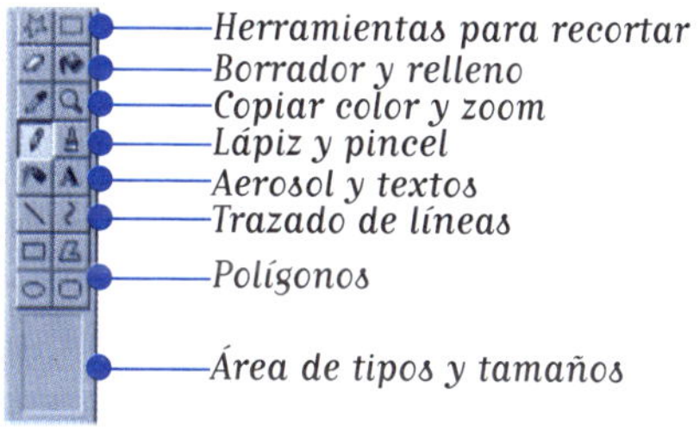

Cómo se hace

Llamamos ***principal*** *al botón izquierdo del ratón. El botón* ***secundario,*** *o derecho, abre siempre el* ***menú de contexto.***

a) Lápiz, pincel, línea recta, aerosol y borrador

1. Seleccionamos el **color.**
2. Seleccionamos **lápiz, pincel** o **aerosol.**
3. Escogemos el **tamaño** o **tipo** en el área correspondiente.
4. Dibujamos con el **puntero del ratón.**

b) Polígonos regulares

1. Seleccionamos el **color.**
2. Seleccionamos el **polígono** a trazar.
3. Seleccionamos el tipo de polígono en el área de **tipos** y **tamaños.**
4. Trazamos con el **botón principal del ratón** para dibujar solamente el contorno del mismo, o con el **botón secundario** para dibujar el relleno.

c) Línea curva

1. Seleccionamos el **color.**
2. Seleccionamos la herramienta **Línea curva.**
3. Trazamos una línea recta.

4. Damos la curvatura situando el puntero sobre la zona de la línea donde se desea curvar.
5. Realizamos la operación de **arrastrar** mediante el ratón.
6. Realizamos una pulsación con el **botón izquierdo** del ratón.

d) Polígono irregular

1. Seleccionamos el **color.**
2. Dibujamos un lado.
3. Pulsamos una vez con el **botón izquierdo** del ratón.
4. Seguimos dibujando los demás lados de igual forma.
5. Al terminar el último lado, realizamos una doble pulsación en el **botón izquierdo** del ratón para que se cierre el polígono.

e) Relleno

1. Seleccionamos el **color.**
2. Seleccionamos la herramienta **Rellenar.**
3. Colocamos el puntero del ratón dentro de la superficie a rellenar.
4. Pulsamos el **botón izquierdo** del ratón.

f) Copiar color

1. Seleccionamos la herramienta **Copiar color.**
2. Situamos el puntero sobre la zona donde se encuentre el color que deseamos copiar.
3. Pulsamos el **botón izquierdo** del ratón.
4. Seleccionamos la herramienta precisa para aplicar el color seleccionado y seguimos el proceso indicado para la misma.

Práctica 33

1. Abrir **Paint.**
2. Realizar, con las herramientas vistas en la ficha, una composición similar a la que aparece a continuación, utilizando diferentes tipos y tamaños de los elementos que sea posible.

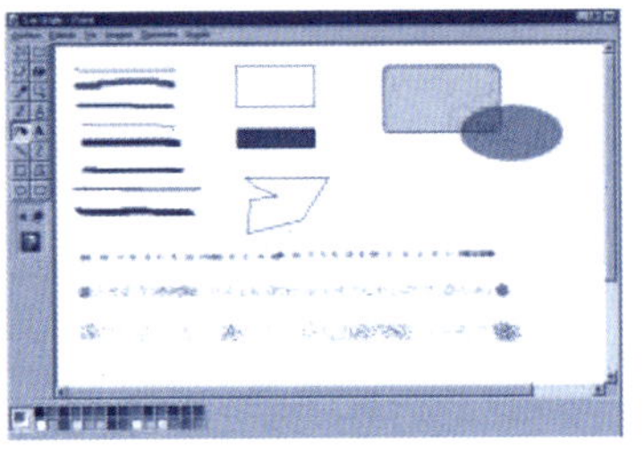

3. Guardar como *Práctica 33.*
4. Salir de **Paint.**

ficha 34

Otras herramientas y definir colores

nivel medio

Concepto

Además de los colores que por defecto ofrece la **Barra de colores** que Paint presenta al entrar, podemos definir nuevos colores como mezclas de otros, de tal forma que podamos conseguir una personalización de los mismos. Paint dispone asimismo de herramientas complementarias que facilitan una serie de operaciones.

Cómo se hace

a) Recortar

1. Seleccionamos la herramienta **Recortar** (dispone de dos posibilidades: una lo hace en forma rectangular, y la otra, personalizada).
2. Recortamos mediante «arrastre» del ratón la zona a recortar.
3. El área recortada puede ser copiada, eliminada o trasladada a otra posición, además de alguna otra operación que comentaremos posteriormente.

b) Zoom

1. Seleccionamos la herramienta **Zoom.**
2. Nos situamos, mediante el puntero, en la zona que deseamos ampliar.
3. Pulsamos el **botón izquierdo** del ratón.
4. Trabajamos sobre esa zona como si no estuviera el zoom aplicado.
5. Seleccionamos nuevamente la herramienta **Zoom.**
6. Pulsamos con el **botón izquierdo** del ratón sobre cualquier zona del lienzo para quitar el zoom.

c) Texto

1. Seleccionamos la herramienta **Texto.**
2. Si no aparece la **Barra de herramientas de texto,** deberemos activarla desde el menú **Ver.**
3. Seleccionamos **tipo de letra, tamaño, atributos** y **color.**

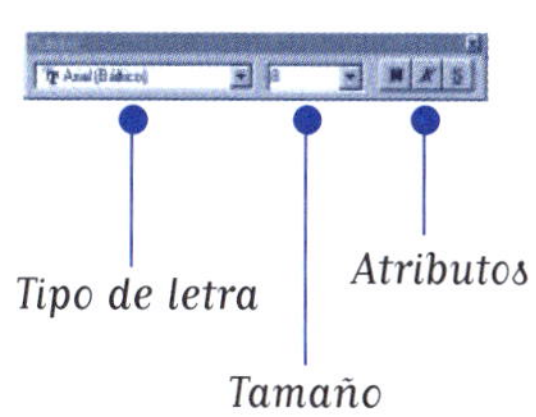

4. Trazamos un rectángulo para la escritura.
5. Escribimos el texto.
6. Pulsamos con el botón izquierdo del ratón fuera del rectángulo de escritura, una vez que hayamos concluido.

d) Definir colores

1. Abrimos el menú **Opciones.**
2. Seleccionamos **Editar colores.**
3. Seleccionamos el color de la galería que se ofrece.

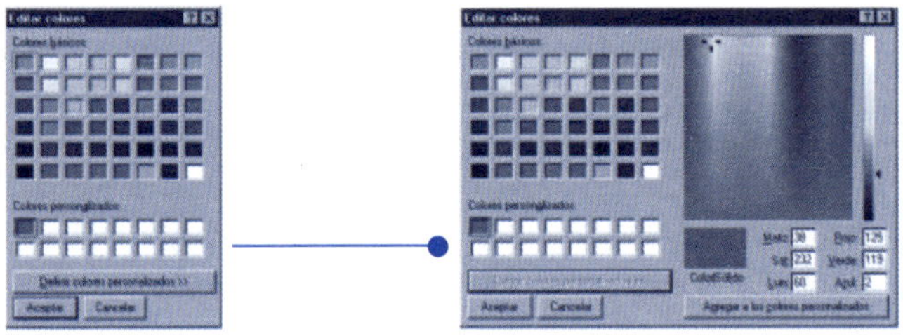

4. Pulsamos sobre el botón **Definir colores personalizados,** para que aparezca la ventana que nos permita la mezcla de los diferentes colores.
5. Definimos el color con la paleta que se nos ofrece.
6. Pulsamos **Agregar a los colores personalizados.**
7. Pulsamos **Aceptar.**

El color definido quedará seleccionado y disponible para ser utilizado cuando deseemos.

Práctica 34

1. Abrir el documento guardado como *Práctica 33.*
2. Aplicar el zoom sobre las líneas trazadas y retocarlas.
3. Recortar el rectángulo y situarlo en algún hueco libre del lienzo.
4. Crear un color personalizado y trazar con el mismo una línea curva.
5. Mediante la herramienta de **Texto** poner vuestro nombre.
6. Guardar como *Práctica 34.*

ficha 35

Operaciones desde el menú

nivel medio

Concepto

Copiar, Cortar y Pegar son operaciones comunes en cualquier tipo de programa.

Paint ofrece una serie de operaciones que son comunes a todos los programas y que ya hemos comentado en las Fichas Bloc de notas y WordPad: **Copiar, Cortar** o **Pegar,** que tienen siempre el mismo significado. También presenta algunas opciones más específicas para el tratamiento de imágenes; aunque son operaciones diferentes, tienen en común que en todas ellas necesitaremos hacer uso de las herramientas de recortar, para que Paint sepa sobre dónde tiene que aplicar la operación.

Estas operaciones nos permitirán girar las imágenes, ampliarlas o reducirlas, e invertir los colores de fondo y de la propia imagen.

Cómo se hace

a) Cortar y Copiar

1. Seleccionamos la herramienta **Recortar.**
2. Recortamos la imagen o parte de la misma sobre la que deseamos actuar.
3. Abrimos el menú **Edición.**
4. Escogemos **Cortar** o **Copiar,** en función de si queremos o no repetir la imagen.
5. Abrimos nuevamente el menú **Edición.**
6. Seleccionamos **Pegar.**

b) Voltear o girar

1. Seleccionamos la herramienta **Recortar.**
2. Recortamos la imagen sobre la que vamos a trabajar.
3. Abrimos el menú **Imagen.**
4. Seleccionamos **Voltear o rotar.**

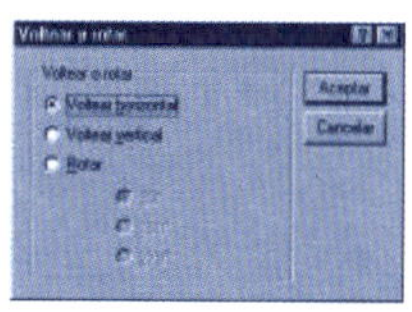

5. Escogemos la operación a realizar. En caso de que deseemos rotar la imagen, debemos indicar el número de grados.

c) Expandir y contraer

1. Seleccionamos la herramienta **Recortar.**
2. Recortamos la imagen sobre la que vamos a trabajar.
3. Abrimos el menú **Imagen.**
4. Seleccionamos **Expandir o contraer.**

d) Invertir colores

1. Recortamos la imagen sobre la que vamos a trabajar.
2. Abrimos el menú **Imagen.**
3. Seleccionamos **Invertir colores.**

Práctica 35

1. Abrir el documento *Práctica 33.*
2. Recortar tres de las líneas trazadas y copiarlas.
3. Recortar el rectángulo, para darle un giro de 90 grados.
4. A este rectángulo aplicarle los efectos de *expandir* y *contraer.*
5. Salir de **Paint** sin guardar los cambios realizados.

Fichas 31 a 35

autoevaluación 7

nivel medio

1 Realiza las siguientes operaciones con la **Calculadora,** apuntado los resultados obtenidos:

- 7,234 × 5 – (78,6 + 5,678).
- Raíz cuadrada de 25.
- Raíz cuadrada de 144.

2 Mediante la utilización de **Paint,** realiza una composición similar a la que aparece a continuación; para ello define un tamaño de lienzo de 18 cm de ancho por 14 de alto.

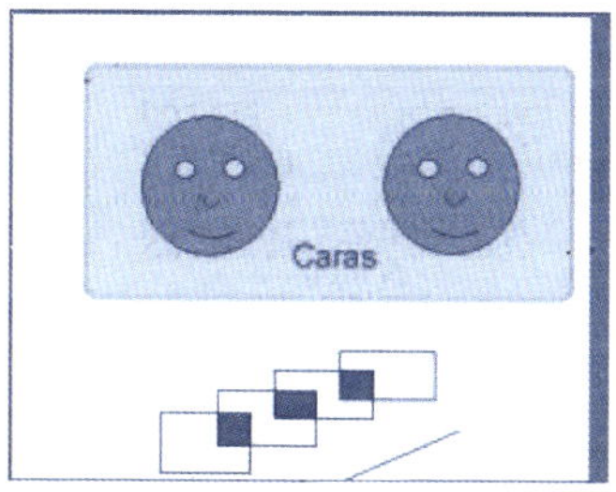

3 Una vez terminada, haz uso de **Vista preliminar** para observar el resultado.

4 Guarda como *Autoevaluación 7.*

5 Imprime el resultado.

6 Abre el menú **Archivo** y selecciona la opción **Nuevo,** para disponer de un lienzo en blanco.

7 Realiza una composición libre en la que las dimensiones del lienzo sean de 5 × 5 cm. Para una mejor realización del trabajo haz uso del zoom.

8 Finalizada la composición, comprueba el resultado.

9 Guarda como *Autoevaluación 7-2.*

10 Sal de **Paint.**

Por si acaso...

El alumno anotará en la columna *Observaciones* los comentarios que deba hacer al profesor, en caso de duda en alguna de las operaciones realizadas.

Conceptos a conocer	Observaciones
1. Selección del tipo de calculadora	
2. Realización de operaciones	
3. Reconocer el Paint	
4. Manejo de las herramientas	
5. Definición del tamaño para el lienzo	
6. Definición de colores	
7. Copiar y pegar	
8. Rotar imágenes	
9. Expandir imágenes	
10. Contraer imágenes	
11. Guardar las composiciones	
12. Abrir archivos de Paint	
13. Escribir textos	
14. Hacer visibles y ocultar las diferentes barras de herramientas	

ficha 36

Personalizar el ratón

nivel medio

Concepto

Windows permite que el usuario pueda configurar diferentes elementos de trabajo en función de sus necesidades y de su estética. Todos aquellos elementos susceptibles de ser personalizados los encontraremos en la carpeta **Panel de control.**

Es conveniente adecuar el **ratón** a las características del usuario, por ser un instrumento fundamental en el manejo de Windows y de su entorno; de esta forma ganamos en comodidad y en velocidad de trabajo.

Cómo se hace

1. Abrimos el **Panel de control.**
2. Abrimos el icono correspondiente a **mouse.**

a) Botones

El botón principal para diestros será el izquierdo, y para zurdos, el derecho.

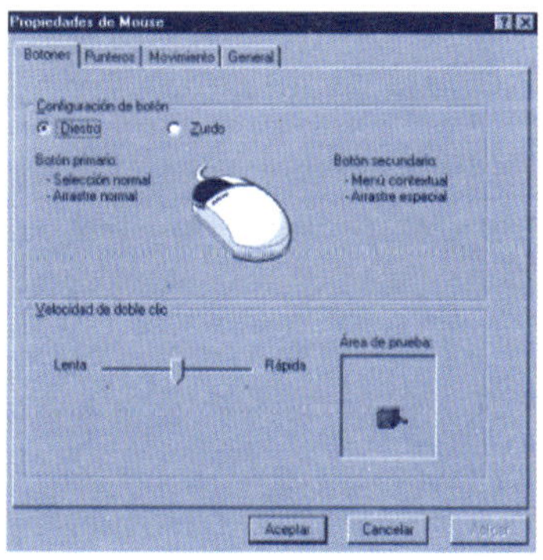

En la pestaña **Botones** podemos configurar el orden de los botones del ratón para **diestros** o **zurdos,** intercambiando el botón principal y el secundario para adaptarlo a la mano que cada usuario utilice.

También podemos seleccionar la **velocidad** para la utilización de la **doble pulsación.** Mediante el área de prueba comprobaremos cuál es la que mejor se adapta a nuestra habilidad. Para ello debemos hacer una doble pulsación sobre el icono del área de prueba; cuando se abra en todos los casos que lo intentemos, significará que estamos en la velocidad correcta para nosotros. El botón **Aceptar** guardará la configuración fijada.

b) Puntero

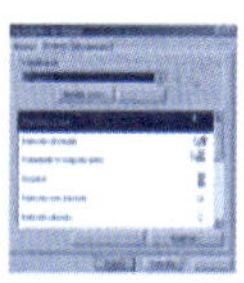

La pestaña **Puntero** muestra las diferentes combinaciones de punteros de que disponemos. Para cambiar el puntero debemos pulsar sobre el botón **Examinar,** y, posteriormente, realizar una doble pulsación sobre el nombre del archivo correspondiente al puntero seleccionado.

c) Movimientos

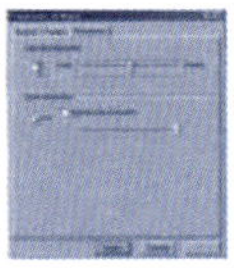

El tipo de movimiento del ratón al desplazarlo por la pantalla se determina desde la pestaña **Movimientos.** También podemos poner el efecto consistente en **dejar rastro** en nuestros desplazamientos por la pantalla.

Práctica 36

1. Acceder al **Panel de control** de dos formas distintas.
2. Abrir el icono del ratón (mouse).
3. Poner una velocidad de doble pulsación adecuada a nuestra capacidad de manejo.
4. Aplicar y comprobar que la velocidad es la adecuada.
5. Cambiar el manejo del ratón para zurdos.
6. Comprobar su funcionamiento.
7. Dejar la configuración personalizada que mejor se adapte a nuestras características.
8. Cerrar todas las ventanas.

ficha 37

Fecha y hora

nivel medio

Concepto

Debemos mantener actualizadas la fecha y la hora del sistema.

En el sistema operativo Windows disponemos de la posibilidad de mantener o cambiar la fecha y la hora del sistema. Esta operación, que puede resultar intrascendente, es de gran importancia. Por una parte como instrumento de una buena organización de los archivos que se van creando, y, por otra, como un parámetro más de búsqueda, ya que cada día es más frecuente la utilización de redes locales y de Internet, donde la mensajería y las comunicaciones mediante correo electrónico van acompañadas de la fecha y hora en que se envían, con la importancia que esto puede tener para operaciones comerciales y de plazos. Por tanto, es recomendable que de forma general la fecha y la hora del sistema sean siempre las correctas.

Cómo se hace

a) Desde el botón Inicio

1. Abrimos el menú correspondiente al botón **Inicio.**
2. Seleccionamos el menú **Configuración.**
3. Abrimos **Panel de control.**
4. Buscamos el icono **Fecha y hora.**
5. Con una doble pulsación abrimos la ventana de **Propiedades.**

b) Desde el Escritorio

1. Nos situamos en el **Escritorio.**
2. Abrimos la ventana correspondiente al icono **Mi PC.**
3. Abrimos **Panel de control.**
4. Buscamos el icono **Fecha y hora.**
5. Con una doble pulsación abrimos la ventana de **Propiedades.**

c) Desde la Barra de tareas

1. Hacemos una doble pulsación sobre la hora del sistema, que aparece en la parte derecha de la **Barra de tareas.**

En cualquiera de los casos se abrirá la ventana correspondiente a **Propiedades de Fecha y hora;** en ella encontramos una ventana con dos pestañas de ficha:

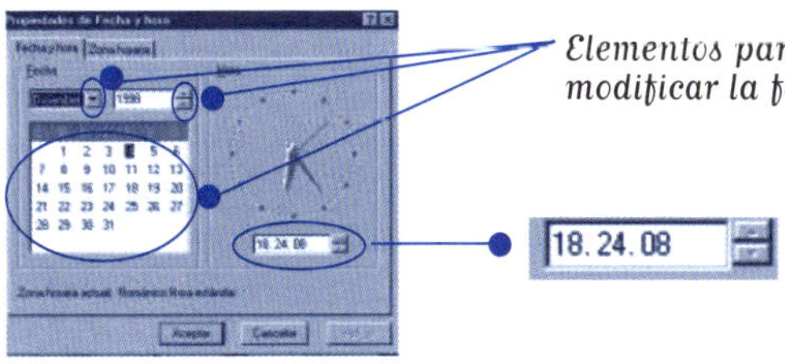

- **Fecha**

  La fecha podrá cambiarse haciendo uso de los botones de lista correspondientes al año y al mes, seleccionando el día sobre la hoja de calendario que aparece.

- **Hora**

  La hora viene expresada desde un reloj analógico y otro digital, siendo en este último donde podremos hacer las variaciones pertinentes. Para cambiar la hora situaremos el cursor sobre los números indicativos de la unidad de tiempo que se desea cambiar (horas, minutos o segundos), y con los botones, en punta de flecha, situados a la derecha aumentaremos o disminuiremos los dígitos indicativos. Otra forma de realizar la operación de cambio consiste en borrar las horas, minutos o segundos y escribirlas directamente sobre el teclado.

  La pestaña de **Zona horaria** facilita la selección del meridiano geográfico en el que vivimos. La selección puede realizarse desde el botón de lista que enumera todos los meridianos, o con el ratón, desplazando el meridiano sobre el mapa.

  Si tenemos correctamente seleccionado el meridiano, nuestro sistema efectuará de forma automática el cambio horario de invierno y verano correspondiente a esa zona.

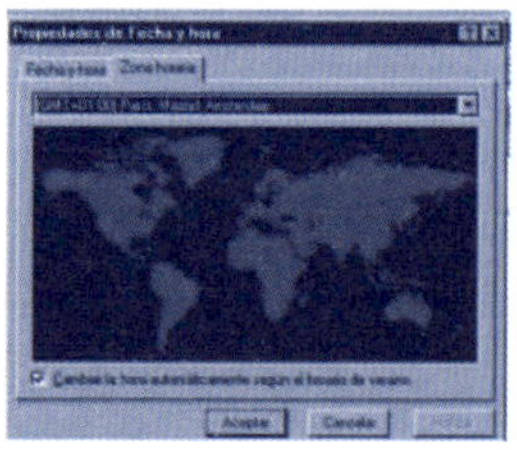

Práctica 37

1. Comprobar en qué día de la semana cae la fecha de nuestro cumpleaños.
2. Cambiar la hora del sistema.
3. Seleccionar la zona horaria correspondiente a la ciudad de Atenas.
4. Comprobar si el reloj ha progresado en el número de minutos.
5. Poner la hora correctamente.

ficha 38

Personalizar la pantalla

Concepto

▸▸ Ante los ojos del usuario, la pantalla constituye el escaparate del contenido y el proceso de un ordenador. Resulta, por tanto, fundamental disponer de una ventana clara y agradable.

▸▸ Desde el icono **Pantalla** podemos configurar los diferentes aspectos que afectan a la pantalla: **Tapiz, Protector, Tipo de monitor, Tarjeta,** etcétera.

Cómo se hace

▸▸ **1.** Abrimos el **Panel de control.**

2. Abrimos el icono correspondiente a **Pantalla.**

Otra forma

1. Situamos el puntero sobre el **Escritorio.**

2. Abrimos el **menú de contexto.**

3. Seleccionamos **Propiedades.**

▸▸ **a) Fondo**

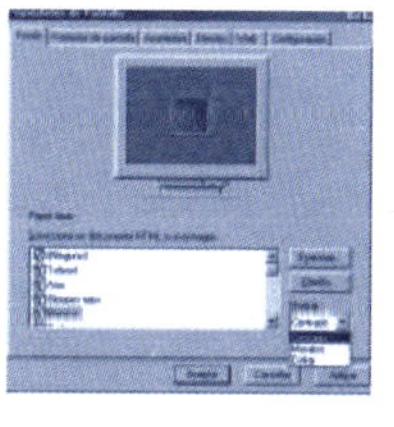

Permite cambiar el **Tapiz** de nuestra pantalla seleccionando entre los diferentes dibujos que nos presenta; también podemos optar por nuestras propias creaciones.

Los fondos pueden mostrarse en forma **Centrada** (dibujo en el centro de la pantalla), a modo de **Mosaico** (el dibujo repetido por toda la pantalla) o **Estirado** (el dibujo ocupando toda la pantalla).

Seleccionado el modelo y forma deseada pulsaremos **Aplicar** para ver el resultado y **Aceptar** para guardar la nueva configuración.

▸▸ **b) Protector de pantalla**

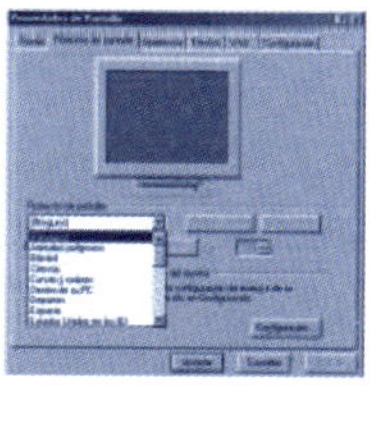

El **Protector de pantalla** consiste en una imagen o en un texto en movimiento que actúan después de un cierto tiempo (el que especifiquemos), para alargar la vida del monitor, no permitiendo tener imágenes fijas en la pantalla durante mucho tiempo.

Windows ofrece una lista de protectores que podemos probar una vez elegidos, pulsando sobre el botón **Vista previa.** También podemos configurar algunos de ellos mediante el botón **Configuración,** consiguiendo distintos efectos sobre un mismo protector. En la ventana que ofrece el botón **Configuración** debemos especificar el plazo de tiempo que deseamos para que el **Protector de pantalla** se active de forma automática.

c) Apariencias

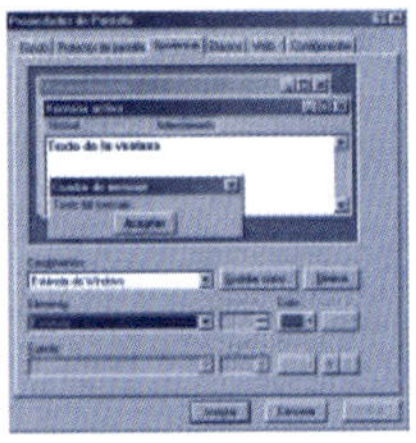

La pestaña **Apariencias** ofrece todas las posibilidades en cuanto a las combinaciones de colores que presentan las ventanas de Windows; en ella podemos elegir entre las combinaciones de colores ya establecidas o personalizarlas mediante el botón **Color.** También son susceptibles de cambios los diferentes elementos que forman parte de las ventanas: *iconos, menús, separación entre iconos,* etcétera.

La pestaña ***Configuración*** *sólo deberá modificarse en caso de absoluta seguridad en la operación que deseamos realizar.*

d) Configuración

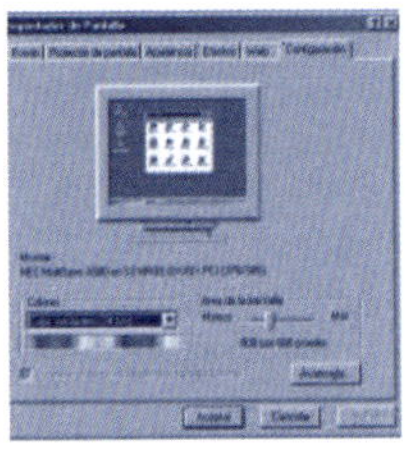

En la pestaña de **Configuración** de nuestro monitor y tarjeta podemos decidir sobre el número de colores a utilizar en nuestra pantalla, así como la cantidad de píxeles (puntos de luz). Cuanto mayor sea el número de píxeles para las columnas y filas en que se divide la pantalla, mayor será la resolución, pero debemos tener en cuenta que tanto el número de colores como el de píxeles no es arbitrario; por tanto, no todos los monitores aceptan las mismas posibilidades.

El botón **Avanzadas** permite la selección del monitor o el cambio del mismo, así como otras consideraciones, las cuales no deben modificarse si no se está muy seguro de los cambios que se pretende realizar.

Práctica 38

1. Cambiar el tapiz de nuestro monitor.
2. Cambiar la apariencia de los colores correspondientes a las ventanas de Windows.
3. Poner un protector de pantalla que se active en el plazo de un minuto.
4. Probar su funcionamiento.
5. Buscar un protector denominado «Muestra de marquesina» y configurarlo para que en el mismo aparezca vuestro nombre.

ficha 39

Papelera de reciclaje

nivel medio

Concepto

Los archivos contenidos en la ***Papelera de reciclaje*** *pueden ser restaurados, o eliminados definitivamente.*

Windows conserva en una carpeta los archivos y objetos que se eliminan en el trabajo con el ordenador, por si consideramos necesario volver a recuperar alguno. La carpeta receptora de todos los archivos que se eliminan recibe el nombre de **Papelera de reciclaje** y podemos configurarla en función de nuestras necesidades.

En definitiva, la **Papelera de reciclaje** es una carpeta que suele ocupar el diez por ciento del tamaño del disco duro, y en caso de activarla recibirá todos aquellos archivos que eliminemos en el transcurso del trabajo cotidiano. Los archivos que se encuentran en la Papelera de reciclaje podemos eliminarlos posteriormente, y definitivamente, para que no ocupen espacio en nuestro disco, o restaurarlos a su ubicación anterior a ser borrados.

Cómo se hace

a) Entrar

1. Realizamos una doble pulsación sobre el icono **Papelera de reciclaje** que se encuentra en el **Escritorio.**

Otra forma

1. Abrimos el **Explorador de Windows.**
2. Abrimos la carpeta **Papelera de reciclaje.**

En ambos casos la ventana que se ofrece será similar a la que se muestra a continuación.

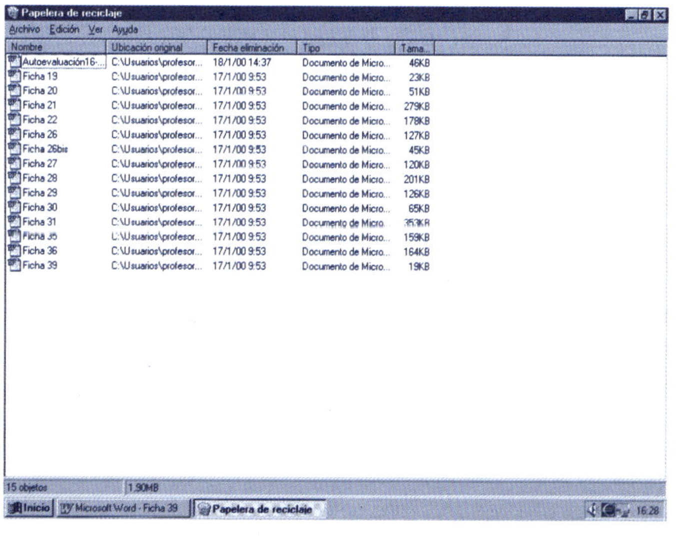

b) Configurar

1. Situamos el puntero sobre el icono **Papelera de reciclaje.**
2. Abrimos el **menú de contexto.**

3. Seleccionamos **Propiedades.**

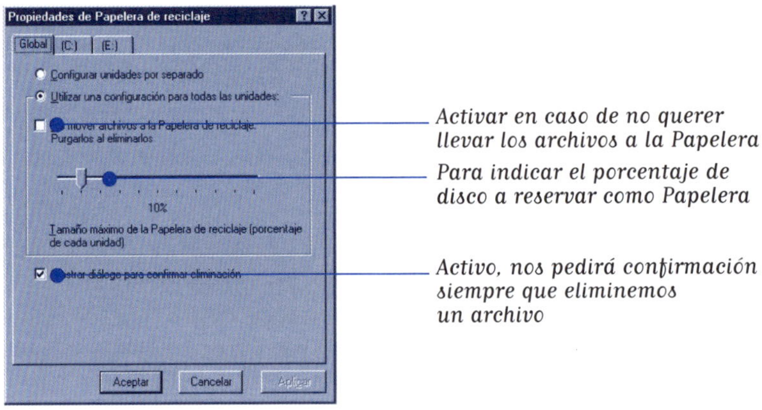

4. Configurada la **Papelera de reciclaje,** pulsamos **Aceptar.**

c) Eliminar definitivamente un archivo

1. Abrimos la **Papelera de reciclaje.**
2. Seleccionamos el archivo que deseamos eliminar.
3. Abrimos el menú **Archivo.**
4. Seleccionamos **Eliminar.**

d) Vaciar la papelera

1. Abrimos la **Papelera de reciclaje.**
2. Abrimos el menú **Archivo.**
3. Seleccionamos **Vaciar papelera.**

Práctica 39

1. Observar las propiedades de la **Papelera de reciclaje.**
2. Seleccionar un *Tamaño máximo* del diez por ciento.
3. Abrir la **Papelera de reciclaje.**
4. Vaciar la **Papelera** si no deseamos mantener ningún archivo de los que se encuentren.
5. Cerrar la **Papelera de reciclaje.**

ficha 40

Configuración regional

nivel medio

Concepto

Configuración regional *permite adaptar nuestro sistema al entorno donde trabajamos.*

El icono **Configuración regional** nos permite configurar en nuestro sistema y, por tanto, en los programas que lo utilizan como plataforma una serie de elementos comunes, fundamentales para el buen funcionamiento, como fechas, monedas, signos de puntuación, etcétera.

Como en todos los elementos configurables de Windows, se accede a un conjunto de fichas. Pulsando cada una de las pestañas, aparecen las listas de opciones disponibles para que el usuario determine los parámetros que considere más apropiados.

Cómo se hace

1. Abrimos el **Panel de control.**
2. Abrimos el icono correspondiente a **Configuración regional.**
3. Pulsamos sobre la pestaña correspondiente.

a) Idioma

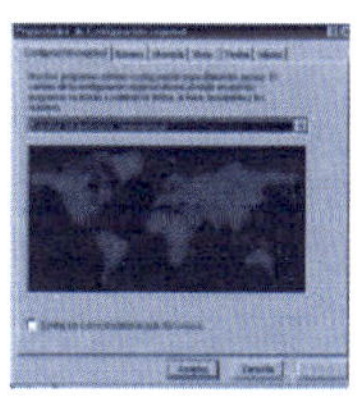

Permite seleccionar el idioma que por defecto vamos a utilizar.

Pulsando sobre el botón **Lista** aparece la relación de idiomas disponibles.

b) Números

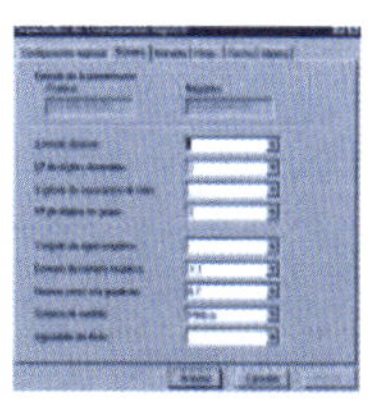

Los programas con los que trabajemos posteriormente: procesadores, hojas de cálculo, etcétera, utilizan con frecuencia datos numéricos; el formato de los mismos, por omisión, será el que definamos aquí, que, como podemos ver en la ventana, afectan al sistema de numeración: símbolo para decimales, separación de millares, etcétera.

c) Moneda

También es posible seleccionar el tipo de moneda para los formatos monetarios, en función del país o moneda de uso más frecuente en nuestros documentos.

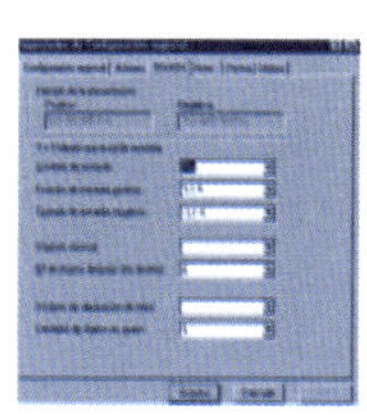

d) Formato para hora

Permite el establecimiento de la forma para la apariencia de la hora, así como los separadores para horas, minutos y segundos.

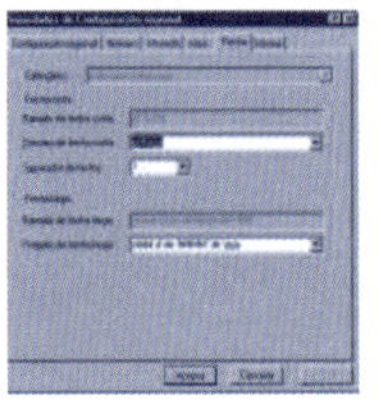

e) Formato para fecha

Permite establecer el formato y los separadores para la fecha.

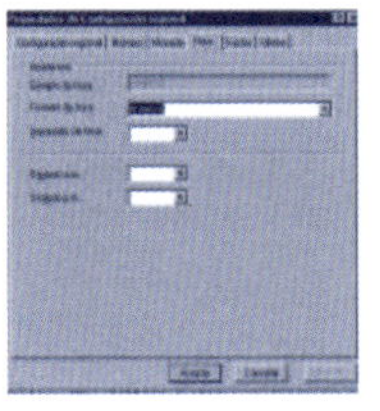

Práctica 40

1. Comprobar la configuración regional en todas sus posibilidades, pero no realizar cambios si no se está seguro del resultado que se va a obtener. En caso de duda es necesario consultar con el profesor o monitor de aula.

Fichas 36 a 40

Los ejercicios de esta autoevaluación afectarán a la configuración de diferentes elementos de nuestro sistema. Por tanto, debemos ir con cuidado y tener presente que quizá se requiera restaurar los valores originales.

1 Configura el ratón con opciones distintas a las que en este momento tenga el sistema. Debes actuar sobre las fichas:

- Botones.
- Puntero.
- Movimientos.

2 Deja la configuración más apropiada a tus necesidades.

3 Cambia la fecha y hora del sistema. Como fecha pon la que coincida con la de tu cumpleaños y, como hora, las 12:30:21.

4 Configura la pantalla en los siguientes aspectos:

- Tapiz.
- Protector.
- Apariencias.

5 Comprueba que la fecha del sistema ha cambiado.

6 Actualiza la **Fecha y hora** del sistema.

7 Configura la **Papelera de reciclaje** a un tamaño del 0 %.

8 Copia un archivo de cualquier tipo desde un disco flexible al disco duro.

9 Elimina el archivo copiado en el disco duro.

10 Comprueba que no está en la **Papelera de reciclaje.**

11 Vuelve a poner la **Papelera** con el porcentaje de tamaño que tuviera anteriormente.

12 Revisa la **Configuración regional** para que esté definida con los parámetros correspondientes a:

- Idioma.
- Formato número.
- Formato moneda.
- Formato fecha.
- Formato hora.

Por si acaso...

El alumno anotará en la columna *Observaciones* los comentarios que deba hacer al profesor, en caso de duda en alguna de las operaciones realizadas.

Conceptos a conocer	Observaciones
1. Configurar el ratón	
2. Configurar el tapiz	
3. Configurar el protector	
4. Configurar los aspectos de la ventana	
5. Configurar la papelera	
6. Definir el idioma	
7. Definir la hora	
8. Definir la fecha	

actividad 7

aplicación de las fichas 21 a 40

Debe intentarse realizar las diferentes operaciones que se proponen de más de una forma. Dado que se trata de operaciones de configuración, en algunas de las actividades solamente se invitará al alumno a descubrir dónde se pueden modificar, pero no a realizar ningún tipo de cambio.

1 Observar las propiedades de la Papelera de reciclaje y comprobar que está activa.

2 Poner un protector de pantalla para que se active a los dos minutos.

3 Revisar la configuración regional en todos sus aspectos.

4 Cambiar el tapiz por otro de los que ofrece el propio sistema.

5 Crear, mediante Paint, un dibujo personalizado que posteriormente se aplicará como tapiz.

6 Cambiar la hora del sistema.

7 Cambiar la fecha del sistema.

8 Comprobar que las impresoras están configuradas.

9 Cambiar la posición de la Barra de tareas.

10 Configurar la Barra de tareas para que aparezca de forma automática.

11 Restablecer la hora y la fecha del sistema.

Operaciones a realizar

Los cuadros que aparecen a la derecha de cada operación a realizar sirven para ir validando aquellas que se realicen correctamente.

1. Abrir la ventana Panel de control	
2. Seleccionar y abrir los iconos necesarios para establecer configuraciones	
3. Seleccionar las diferentes fichas o pestañas que pueda tener una ventana	
4. Llegar hasta Accesorios	
5. Utilizar Paint	
6. Configurar la fecha y la hora del sistema	
7. Configurar impresoras	
8. Configurar la Barra de tareas	
9. Establecer una configuración regional	
10. Establecer un tapiz	
11. Llegar a la Papelera de reciclaje	
12. Establecer la configuración para la Papelera de reciclaje	

actividad 8

aplicación de las fichas 21 a 40

nivel medio

Todas las operaciones que requieran el movimiento de archivos o su eliminación deben realizarse en un disquete, para evitar problemas con el sistema.

1 Cambiar el aspecto de las ventanas que utiliza Windows.

2 Configurar el ratón para zurdos.

3 Modificar las velocidades de arrastre del ratón y de doble pulsación.

4 Copiar en un disquete tres archivos que se encuentren en el disco duro.

5 Borrar uno de los ficheros copiados en el paso anterior.

6 Ordenar los archivos del disco duro en función de la fecha.

7 Crear en el disquete una carpeta que denominaremos «Galicia»; dentro de la misma, otra con el nombre «Pontevedra», y en el interior de esta última una tercera con el nombre «Vigo».

8 Copiar en cada una de las tres carpetas anteriores dos archivos de diferente tipo.

9 Cambiar el nombre de la carpeta «Vigo» por el de «Cangas».

10 Copiar las tres carpetas con sus contenidos en el disco duro.

11 Eliminar la carpeta «Pontevedra» del disco duro.

12 Comprobar que los elementos borrados aparecen en la Papelera de reciclaje.

13 Seleccionar en la Papelera los elementos eliminados y restaurarlos.

14 Comprobar que recuperan la misma ubicación de antes de ser eliminados, en el disco duro.

15 Eliminar del disco duro la carpeta «Galicia».

16 Abrir la Papelera de reciclaje y eliminar definitivamente los archivos.

17 Buscar todos aquellos ficheros que tengan la extensión EXE.

18 Buscar aquellos ficheros cuyo nombre termine por la letra «a» y sean de cualquier tipo.

19 Buscar todos los ficheros modificados en la primera semana de enero del año actual.

Operaciones a realizar

Los cuadros que aparecen a la derecha de cada operación a realizar sirven para ir validando aquellas que se realicen correctamente.

1. Manipular ventanas	
2. Configurar el ratón	
3. Copiar archivos	
4. Borrar archivos	
5. Ordenar archivos	
6. Crear carpetas y subcarpetas	
7. Cambiar el nombre a archivos y a carpetas	
8. Llegar a la Papelera de reciclaje	
9. Restaurar archivos borrados	
10. Eliminar archivos definitivamente	
11. Buscar archivos y carpetas	

actividad 9

aplicación de las fichas 21 a 40

1 Abrir el Bloc de notas.

2 Escribir el siguiente documento.

> **Menos futuro**
>
> Una de las cosas que nunca debe hacer el ser humano asalariado es regalar ideas, pero ahí va: ponga videoconferencias en las cárceles.
>
> ¿Que cuáles pueden ser sus pegas y beneficios? Pegas todas las que quiera dar la Compañía Telefónica, porque en estos momentos cuesta dos duros hacerlo. Y los beneficios huelen a rentables.

3 Guardar como *Actividad 9-1*.

4 Abrir un nuevo documento en el Bloc de notas.

5 Escribir los datos que aparecen a continuación.

Lunes	1.200
Martes	670
Miércoles	2.450
Jueves	340
Viernes	11.450
Total	

6 Guardar como *Actividad 9-2*.

7 Salir del Bloc de notas.

8 Abrir la Calculadora.

9 Realizar la operación de suma con las cantidades que aparecen de «lunes» a «viernes» en el archivo *Actividad 9-2*.

10 Una vez realizada la suma copiar el resultado.

11 Cerrar la Calculadora.

12 Abrir nuevamente el Bloc de notas.

13 Abrir el documento *Actividad 9-2*.

14 Colocar el cursor a la derecha de «Total».

15 Pegar el resultado de la suma obtenida con la Calculadora.

nivel medio

Operaciones a realizar

Los cuadros que aparecen a la derecha de cada operación a realizar sirven para ir validando aquellas que se realicen correctamente.

1. Llegar hasta Accesorios	
2. Escribir en el Bloc de notas	
3. Guardar el documento en un archivo	
4. Crear un documento nuevo	
5. Salir del Bloc de notas	
6. Abrir la Calculadora	
7. Realizar operaciones sencillas	
8. Copiar el resultado	
9. Pegar la información del Portapapeles	
10. Manejar varios programas abiertos simultáneamente	

actividad 10

aplicación de las fichas 21 a 40

nivel medio

1 Abrir WordPad.

2 Escribir el siguiente texto.

> **Correo electrónico**
>
> En la actualidad los sistemas de correo electrónico a nivel mundial admiten formas de comunicación complejas y variadas:
>
> • Envío de un mensaje a múltiples receptores.
> • Envío de mensajes con información de cualquier clase.
> • Envío de mensajes con entrega diferida.
> • Envío de mensajes a usuarios de otras redes de ordenadores.
>
> El correo electrónico se ideó como una forma de intercomunicación o intercambio de información, siendo en la actualidad utilizado por todo tipo de usuarios: científicos, estudiantes, profesionales liberales, empresarios, etcétera.
>
> Jueves, 20 de enero de 2000

3 Guardar como *Actividad 10.*

4 Al título se le aplicarán las siguientes características:

- Tipo de letra: Modern.
- Tamano de la letra: 16.
- Alineación: centro.
- Color: rojo.

5 Al resto del texto:

- Tamaño de la letra: 14.
- Alineación: izquierda.
- Tipo de letra: Courier.

6 Al final del documento insertar la fecha y poner el nombre.

7 Guardar el documento con el mismo nombre.

8 Seleccionar todo el documento, exceptuando el título.

9 Mediante la opción Copiar, añadirlo al final, para que aparezca dos veces.

10 Buscar la palabra «correo» en todo el documento.

11 Reemplazar la cadena «correo electrónico» por «e-mail».

12 Salir de WordPad sin guardar los cambios realizados.

Operaciones a realizar

Los cuadros que aparecen a la derecha de cada operación a realizar sirven para ir validando aquellas que se realicen correctamente.

1. Llegar hasta Accesorios	
2. Escribir en WordPad	
3. Cambiar el tipo de letra	
4. Cambiar el tamaño de la letra	
5. Poner alineaciones	
6. Utilizar viñetas	
7. Insertar fechas	
8. Guardar el documento en un archivo	
9. Abrir documentos creados en WordPad	
10. Salir de WordPad	
11. Buscar palabras	
12. Reemplazar cadenas de caracteres	
13. Copiar parte del documento	
14. Modificar errores de escritura	

actividad 11

aplicación de las fichas 21 a 40

1 Abrir WordPad.

2 Abrir el documento *Actividad 10*.

3 Abrir Paint sin cerrar WordPad.

4 Observar que en la Barra de herramientas aparecen los dos accesorios abiertos.

5 Pasar de uno a otro desde la Barra de tareas.

6 Activar Paint.

7 Definir un tamaño de lienzo de 6 × 6 cm.

8 Con las iniciales de vuestro nombre y un poco de imaginación crear una composición con aspecto de logotipo.

9 Recortar la composición realizada.

10 Utilizar la opción Copiar.

11 Activar WordPad.

12 Situar el puntero en la esquina superior izquierda.

13 Utilizar la opción Pegar.

14 Realizar las modificaciones que sean necesarias.

15 Guardar como *Actividad 11*.

16 Cerrar todas las ventanas abiertas.

Operaciones a realizar

▸▸ Los cuadros que aparecen a la derecha de cada operación a realizar sirven para ir validando aquellas que se realicen correctamente.

1. Llegar hasta Accesorios	
2. Abrir simultáneamente dos programas	
3. Recordar el manejo de Paint	
4. Llevar información al Portapapeles	
5. Copiar entre accesorios diferentes	
6. Establecer tamaños para el tapiz de Paint	
7. Utilizar herramientas y colores de Paint	
8. Pasar de un accesorio a otro	
9. Guardar en un archivo	
10. Cerrar todas las ventanas abiertas	

actividad 12

aplicación de las fichas 21 a 40

nivel medio

1 Crear una carpeta en el disco duro llamada «Multitarea».

2 Abrir WordPad.

3 Abrir Paint.

4 Abrir la Calculadora.

5 En WordPad, escribir: «Inicio de Multitarea».

6 Escribir a continuación la siguiente propuesta de operaciones:

- Sumar 45 y 76.
- Restar a 239 el número 190.
- Realizar el producto de las dos soluciones anteriores.
- Dividir 470 entre 38.
- Calcular la raíz cuadrada de 625.

7 Realizar las operaciones propuestas con la Calculadora y pegarlas donde proceda a continuación de las propuestas.

8 Activar Paint.

9 Mediante el zoom, intentar hacer vuestra firma.

10 Llevar la firma al final del documento que se está realizando en WordPad.

11 Guardar el archivo de Paint con el nombre «Firma» en la carpeta «Multitarea».

12 Guardar el archivo WordPad con el nombre «Prueba» en la misma carpeta anterior.

13 Imprimir el documento «Prueba».

14 Cerrar todas las ventanas abiertas.

15 Desde el Explorador, borrar la carpeta «Multitarea».

nivel medio

Operaciones a realizar

▸▸ Los cuadros que aparecen a la derecha de cada operación a realizar sirven para ir validando aquellas que se realicen correctamente.

1. Trabajar con varios documentos a la vez	
2. Copiar y pegar entre programas diferentes	
3. Creación y eliminación de carpetas	
4. Diferenciar claramente un archivo de una carpeta	
5. Utilizar la Calculadora, eligiendo la que interese	
6. Imprimir los resultados conseguidos	
7. Cerrar todas las ventanas desde ellas mismas	
8. Cerrar las ventanas desde la Barra de tareas	